문예빛단
문학대상
수상작집

성령으로 쓴 시와 수필(한·일 양국어)
聖霊で書いた詩と随筆(韓·日両国語)

한일수교
60주년
특별발행

감사의 거울 感謝の鏡

박정석 시문집 パクジョンソク 詩文集

광진문화사 光進文化史

감사의 거울 感謝の鏡

박정석 시문집 パクジョンソク詩文集

인쇄 2025년 4월 15일
발행 2025년 4월 19일

지은이 박정석
발행인 유차원
펴낸곳 광진문화사
발행소 04556 서울 중구 마른내로 4가길 5
       남영빌딩 3층 광진문화사
전 화 02-2278-6746
작가 이메일 jspark6067@daum.net
출판 등록 제2-4312

---

*이 책의 저작권은 저자에게 있습니다.
*저자의 서면 동의없는 무단 전재 및 복제를 금합니다.
*인지는 생략합니다.
*잘못된 책은 바꿔 드립니다.

印刷 2025年 4月 15日
発行 2025年 4月 19日

著 者 パクジョンソク
発行人 ユチャウォン
出版社 光進文化史
発行所 04556 ソウル中区マルンネロ4街 道5
       サンヒョンビル3階 光進文化史
電 話 02-2278-6746
作家 Eメール jspark6067@daum.net
出版登録 第2-4312

---

*本書の著作権は著者にあり著者の書面による同意の
 ない無断転載及び複製は禁じます。
* 印紙は省略します。
* 間違った本はお取り替えいたします。

감사의 거울 感謝の鏡

박정석 시문집 パクジョンソク 詩文集

| 서문 |

시를 시답게 수필을 수필답게 쓰기 위해!

　한 권의 책을 집필하는 것은 '일평생 돈을 모아 자택을 마련하는 것'과 같다는 심정으로 심혈을 기울여 이 책을 펴냈다. 금번 '감사의 거울'이란 이 책을 출간하면서 시를 시답게 쓰고, 수필을 수필답게 쓰려고 부단히 노력했다. 먼 훗날 필자의 책을 독자들이 평론할 때 배울 점과 감동이 넘치기를 그저 소망할 뿐이다.
　어려운 시련도 이겨내고 하루하루를 정성스럽게 남을 섬기며 산 보람을 이 책 한 권으로 남기려고 하는데 부족함이 없기를 기도하면서 집필했다. 이 책은 1부에서 시를 썼고, 2부에서는 수필을 썼다. 그리고 일본어로 번역(표준어 번역)을 해서 한국인과 일본인들이 동시에 필자의 문학을 산책하도록 편저했다. 한국 문학인들은 이 책을 접할 때 일본어 공부에도 도움이 될 것이다.
　문학인들은 자신의 능력과 상관없이 여러 권의 책을 저술해서 출세하려고 하지만, 필자는 타고난 천학단재(淺學短才)로 이 한 권의 책이 커다란 부담이 되었다. 열심히 노력해서 아름다운 문장으로 수많은 독자들에게 칭찬을 받도록 기도해 본다. 필자의 글을 읽다가 결함이 나타나면 이는 모두 필자의 전적이 책임이다. 기탄없이 질정(叱正)해주기를 바란다.

　　　　　　　　　　　　　　　　　　　　　2025년 저자 박 정 석

|序文|

詩を詩のように随筆を随筆のように書くために!

　一冊の本を執筆することは'一生お金を集めて自宅を用意すること'のような気持ちで心血を注いでこの本を出版した．今回'感謝の鏡'というこの本を出版しながら詩を詩のように書いて，随筆を随筆のように書こうと絶えず努力した．遠い後日筆者の本を読者が評論する時に学ぶ点と感動があふれることをただ願うだけだ．

　難しい試練も乗り越えて一日一日を丁寧に他人に仕えながら生きた甲斐をこの本一冊で残そうとするが不足がないことを祈りながら執筆した．この本は1部で詩を書き，2部では随筆を書いた．そして日本語に翻訳（標準語訳）をして韓国人と日本人が同時に筆者の文学を散歩するように編著した．韓国の文学者はこの本に接する時日本語の勉強にも役立つだろう．

　文学者たちは自分の能力と関係なく数冊の本を著述して出世しようとするが，筆者は生まれつきの浅学短才でこの一冊の本が大きな負担になった．熱心に努力して美しい文章で多くの読者に褒められるように祈ってみる．筆者の文を読んでいて欠陥が現れたらこれは全て筆者の全面的な責任だ．忌憚なく叱正してほしい．

2025年 著者 パクジョンソク

| 축사 |

한국 최초 한·일 양국어의 시문집을 위하여!

이은집(소설가/한국문협 부이사장)

한국문단은 지난해 10월에 그토록 소망하던 노벨문학상을 한강 소설가가 수상함으로써 이제 한국문학은 세계의 변방문학에서 세계문학으로 우뚝 서는 경사를 맞았습니다.
바로 이런 시점에서 또한 한일수교 60주년인 2025년 새해에 시인이며 수필가인 박정석 저의 제자가 한국 최초로 한일 양국어의 시문집 〈감사의 거울〉을 펴낸 것은 또 하나의 새로운 문단적 경사이자 놀라운 시도이기에 스승과 문단의 선배로서 뜨거운 성원과 축하를 드리는 바입니다.
저와 박정석 제자와의 인연은 벌써 오랜 70년대에 방송통신고의 국어강사였던 제가 수기모집을 한 바 여기에 당선한 뒤에 〈메아리〉란 모임을 통해 계속 글을 써오고, 특히 만학도로서 박사학위까지 취득하는 과정을 지켜 보면서, 제자의 끈질긴 노력과 문학에의 열정에 감탄과 감동을 느꼈는데, 이번에 이처럼 한국 최초 한일 양국어로 시문집을 펴내게 됨으로써, 이제는 한국문학이 노벨상을 수상한 경사에 이어서 박정석 작가로 해서 한 단계 더 도약하여 한국문학이 글로벌화하는 첫 과정이 되었다고 크게 상찬하면서 축하드리는 바입니다.
그리하여 박정석 시인/수필가의 〈감사의 거울〉은 한일 양국의 2억 명 독자를 대상으로 한 저서가 되었으니, 다시금 축하와 많은 독자의 사랑받게 되기를 기원하는 바입니다. 감사합니다.

| 祝辞 |

韓国初の韓・日両国語詩文集のために!

イウンジプ(小説家/韓国文協副理事長)

　韓国の文壇は去年10月にあれほど望んでいたノーベル文学賞を漢江の小説家が受賞したことで今や韓国文学は世界の辺境の文学から世界の文学にそびえ立つ慶事を迎えました.

　このような時点で韓日国交正常化60周年の2025年新年に詩人で随筆家のパクジョンソク私の弟子が韓国で初めて韓日両国語の詩文集<感謝の鏡>を出版したそれは新しい文壇的な慶事でありまた驚くべき試みであるため 師匠と文壇の先輩として熱い声援とお祝いを申し上げる次第です.

　私とパクジョンソク弟子との縁はすでに長い70年代に放送通信高校の国語講師だった私が手記募集をしたところここに当選した後に<山びこ>という集いを通じてずっと文を書いてきて, 特に晩学徒として博士号まで取得する過程を見守りながら, 弟子の粘り強い努力と文学への熱情に感嘆と感動を感じたが, 今回このように韓国初韓日両国語で詩文集を出すことになったことで, 今は韓国文学がノーベル賞を受賞した慶事に続いてパクジョンソク作家として一段階跳躍して韓国文学がグローバル化する初の過程になったと大きく賞讃しながらお祝い申し上げます.

　そしてパクジョンソク詩人/随筆家の<感謝の鏡>は韓日両国の2億人の読者を対象にした著書となりましたので, 再びお祝いと多くの読者に愛されることをお祈りします. 有り難う御座います.

| 차 례 |

서문 / 4
축사 / 6

1부 시

성령 / 20
돈 / 22
권력(權力)의 맛 / 24
어제, 오늘, 내일 / 26
필부(匹夫)의 회고록(回顧錄) / 28
관계의 정석(正錫) / 32
강호(江湖)의 끈 / 34
소원 / 36
초설(初雪) / 38
한사람 / 40
천천히 / 44
나의 부르짖음 / 48
행복과 불행 / 50
가을이 오는 소리 / 56
행복한 고독 / 58

| 차 례 |

백설(白雪) / 60
밥줄의 언변(言辯) / 62
병간(兵間) / 64
통증(痛症) / 66
사랑의 논증(論證) / 68
감회(感悔) / 70
인생의 앵화(櫻花) / 72
신앙생활의 번민(煩悶) / 74
독종(毒種)에 대한 대처(對處) / 76
특별한 휴가 / 78
행복한 경쟁(競爭) / 80
어린 아기씨(小姐) / 82
개운한 긴 여름 / 84
영등포의 달 / 86
나의 사계절(四季節) / 88
내 생각 / 90
봄의 비밀 / 92

| 차 례 |

세상에는 / 94
삶의 의미 / 96
사람의 등급 / 98
우주의 원리 / 100
나의 다짐 / 102
소나기눈 길 / 104
올바른 성직자를 만나면 / 106
마음을 비우는 생각 / 108
정치가에게 고함(高喊) / 110
엄마의 상징 / 112
내가 나에게 질문을 한다 / 116
율신(律身)의 훈련 / 120
외로울 때일수록 / 122
말솜씨 / 124
버스 안에서 / 126
감동의 친설 / 130
기다림의 법칙 / 132
내 고향 원당마을 / 134

| 順 序 |

序文 / 5
祝辞 / 7

1部 詩

聖霊 / 21
金 / 23
権力の味 / 25
昨日, 今日, 明日 / 27
匹夫の回顧録 / 30
関係の正錫 / 33
江湖のひも / 35
願い / 37
初雪 / 39
一人 / 42
ゆっくり / 46
私の叫び / 49
幸福と不幸 / 53
秋が来る音 / 57
幸せな孤独 / 59

| 順 序 |

白雪 / 61
飯の種の弁舌 / 63
兵間 / 65
痛み / 67
愛の論証 / 69
感悔 / 71
人生の桜花 / 73
信仰生活の煩悶 / 75
毒種に対する対処 / 77
特別な休暇 / 79
幸せな競争 / 81
小さいお嬢さん / 83
すがすがしい長い夏 / 85
永登浦の月 / 87
私の四季節 / 89
私の考え / 91
春の秘密 / 93

|順序|

世の中には / 95
生の意味 / 97
人の等級 / 99
宇宙の原理 / 101
私の誓い / 103
大雪の道 / 105
正しい聖職者に会うと / 107
心を空ける思い / 109
政治家に高喊 / 111
母の象徴 / 114
私が私に質問をする / 118
律身の訓練 / 121
寂しい時ほど / 123
口の利き方 / 125
バスの中で / 128
感動の親切 / 131
待ちの法則 / 133
私の故郷のウォンダン村 / 135

| 차 례 |

2부 수필

내가 나에게 감사하면 / 139
무도(舞蹈)를 배우지 않은 서울대감의 한 춤 / 151
여행자가 부른 엔카(演歌) / 162
인생의 후회막급(後悔莫及) / 177
도회(都會)의 자연인 / 188
인간의 계급(階級) / 197
친절한 인생의 기술자 / 208
성령(聖靈)의 사람은 죽지 않는다 / 218
인생의 정전(停電)사고를 극복하려면 / 229
고난 뒤에는 영광이 온다 / 237
홋카이도(北海道) 여행에서 얻은 교훈 / 246
독후감(讀後感) / 256
성령과 산책 / 260
나의 유소년기 / 264
꽃피우지 못한 사춘기 / 270

| 차 례 |

상경해서 보냈던 청년기 / 279
회개하는 마음 / 289
사랑했던 주빈(主賓) / 295
대형교회의 배리(背理) / 304
삶과 죽음 / 314
결문 / 319

| 順 序 |

2部 随筆

私が私に感謝すれば / 145
舞踏を学ばなかったソウル大監の一舞 / 157
旅行者が歌った演歌 / 170
人生の後悔莫及 / 183
都会の自然人 / 193
人間の階級 / 203
親切な人生の技術者 / 213
聖霊の人は死なない / 224
人生の停電事故を克服するには / 233
苦難の後には栄光が訪れる / 242
北海道旅行からの教訓 / 251
読後感 / 258
聖霊と散歩 / 262
私の幼少期 / 267
花咲かせなかった思春期 / 275

| 順 序 |

上京して送った青年期 / 284
悔悟の念 / 292
愛した主賓 / 300
大型教会の背理 / 309
生と死 / 317
結文 / 320

1부

시
詩

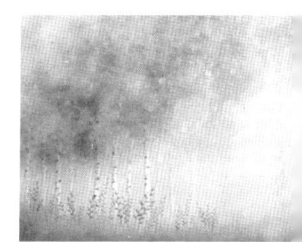

성령

당신은 나의 광거(廣居)가 되어주오
거친 폭풍우가 다가와도 나는 두렵지 않아

당신은 나의 햇빛이 되어주오
어둡고 캄캄한 동굴에서도 나는 무섭지 않아

당신은 나의 난로가 되어 주오
차디찬 냉방속에서도 나는 춥지 않아

당신은 나의 친구가 되어주오
외롭고 쓸쓸해도 나는 참평안이 있어

당신은 나의 생명이 되어주오
숨이 끊어질 듯 아파도 나는 괜찮아

聖霊

あなたは私の廣居になってください
荒々しい嵐が近づいても私は怖くない

あなたは私の陽射しになってください
暗くて真っ暗な洞窟でも私は怖くない

あなたは私のストーブになってください
冷たい冷房の中でも私は寒くない

あなたは私の友達になってください
寂しくても私は本当に平安がある

あなたは私の生命になってください
息が切れそうに痛くても私は大丈夫

돈

너는 나에게 웃으며 다가와
너는 나에게 언제까지 붙어 있을래
몰래 가지마
때로는 살그머니 사라지기도 하잖아
너는 나에게 울며 다가와
너는 나에게 끝까지 붙어 있을래
바람처럼 가지마
천천히 소리없이...

金

あなたは私に笑って近づいて
あなたはいつまで私についているの
こっそり行くな
時にはこっそり消えたりするじゃないか
あなたは私に泣いて近づいて
あなたは私に最後まで付いていたい
風のように行かないで
ゆっくりと音もなく...

권력(權力)의 맛

권력의 맛은 색욕(色慾)과도 같다
권력의 맛은 탐욕(貪慾)과도 같다
넘치면 구린내가 심하게 난다

누구나 순수하게 접근했다가도
권력의 갈증에 침을 삼키다가도
행후(行後)에는 타락의 밥상이 된다

권력의 숲속에 누구나 들어가지만
권력의 공기를 마시는 순간
시원한 행복 미(味)는 염열(炎熱)의 불행 미(味)가 된다

권력의 맛은 짜릿한 노욕(老慾)과도 같다
권력의 맛은 요염한 요부(妖婦)와도 같다
과도(過度)할 때 건강은 질병이 된다

빈궁(貧窮)하고 아표(餓殍) 상태가 되더라도
권력의 음식은 삽시간(霎時間)에 맛보는
커피처럼 즐겨라

権力の味

権力の味は色欲に等しい
権力の味は貪欲のようだ
あふれると口臭がひどい

誰でも純粋に接近しても
権力の渇きに唾を呑んでも
行後には堕落の膳となる

権力の森の中に誰でも入るけど
権力の空気を吸い込んだ瞬間
涼しい幸せ味は炎熱の不幸味になる

権力の味はぴりっとした老欲のようだ
権力の味は妖艶な妖婦のようだ
過渡する時健康は病気になる

貧窮と餓孚の状態になっても
権力の食べ物は一瞬間で味わう
コーヒーのように楽しめ

어제, 오늘, 내일

어제는 마음이 아팠다
오늘은 생각이 안난다.
내일은 희망이 울릴 것이다

텅빈 내가슴 채워줄
고운 색깔의 수채화(水彩畵)는

어제의 마음
오늘의 생각
내일의 희망

昨日, 今日, 明日

昨日は心が痛かった
今日は思い出せない
明日は希望が響くだろう

空っぽの私の胸を満たしてくれる
美しい色の水彩画は

昨日の気持ち
今日の考え
明日の希望

필부(匹夫)의 회고록(回顧錄)

지학(志學)의 시기에는
애감의 설움을
도행(徒行)의 박자로 걸었다

약관(弱冠)의 나이에는
색기의 주음(酒淫)을
찰나의 속력으로 뛰었다

이립(而立)의 시절에는
이직의 고통을
등시(登時)의 속도로 걸었다

불혹(不惑)의 계절에는
이혼의 비감을
당시(當時)의 속력으로 누볐다

지천명(知天命)의 기절에는
배움의 갈급을
당하(當下)의 스피드(speed)로 쫒았다

이순(耳順)의 기개에는
회상의 기억을
광음(光陰)의 속도로 달리고 있다

고희(古稀)의 귀경(貴庚)에는
현거(懸車)의 갈등을
세월의 템포(tempo)로 달릴 것이다

*필부(匹夫)는 작가 자신을 지칭한다.

匹夫の回顧録

地学の時期には
哀感の悲しみを
道行の拍子で歩いた

弱冠の年には
色気の酒淫を
刹那の速さで走った

而立の時代には
転職の苦しみを
等時の速さで歩いた

不惑の季節には
離婚の悲感を
当時の速力で走り回った

知天命の気絶には
学びの渇望を
当下のスピード(speed)で追った

耳順の気概には
回想の記憶を
光陰の速さで走っている

古希の貴庚には
懸車の葛藤を
歳月のテンポ(tempo)で走るだろう

*匹夫は作家自身を指す.

관계의 정석(正錫)

관계의 도리에는
문학에도 정석(定石)이 있다

관계의 자리에는
직장에도 정석(定席)이 있다

관계의 四山에는
가항(街巷)에도 정석(鼎席)이 있다

관계의 신앙에는
承順에도 정석(呈悊)이 있다

관계의 정치에는
치리에도 정석(政席)이 있다

관계의 自身에는
처신에도 정석(貞石)이 있다

관계의 남녀에는
애정에도 정석(精析)이 있다

*정석(正錫)은 '바른 주석'이라는 뜻이며, 작가의 본명이기도 하다.

関係の正錫

関係の道理には
文学にも定石がある

関係の席には
職場にも定席がある

官界の四山には
街巷にも鼎席がある

関係の信仰には
承順にも呈惢がある

関係の政治には
治理にも政席がある

関係の自身には
身の振り方にも貞石がある

関係の男女には
愛情にも精析がある

* 正錫は'正しい注釈'という意味であり作家の本名でもある.

강호(江湖)의 끈

영남의 곡지(谷地)인 선산에서 탄생하여
수부(首府)에서 생계를 부지(扶持)하면서
세월이 흘러서 이미 우수(迂叟)가 되었네

북악산을 다녀오니 가시밭길을 생각하고
성북에서 처변(處變)의 강산풍월이 이십 년인데
또 한 번 초심고려(焦心苦慮)하는 월요일의 별잇자리로

나날이 고독촉유(孤犢觸乳)의 삶은 불귀(不歸)의 생활이고
여의도에 가면 그 순간은 궁마지간(弓馬之間)이 되며
휴게실에서 쉬는 시간은 구천(九泉)에서 맴도는 영혼이구나

비록 오막살이지만 고대광실(高臺廣室)이 부럽지 않고
흰죽으로 비어있는 속을 채워주면 승천(昇天)하는 기분이지만
약육강식의 동료들에게 염오(厭惡)가 생기는 마음은 어쩔 수 없구나

*강호(江湖)는 세상을 비유함.

江湖のひも

嶺南の谷地である善山で誕生し
首府で生計を立てながら
歳月が流れてもう迂叟になったね

北岳山に行って来たら茨の道を考えて
城北で処変の江山風月が20年ですが
もう一度初心を考慮する月曜日の職場として

日々孤独触遊の人生は不帰の生活であり
汝矣島に行くとその瞬間は弓馬之間になり
休憩室で休む時間は九泉でうろうろする魂だね

たとえ五幕だとしても高臺廣室が羨ましくなく
白粥で空いている中を満たしてくれると昇天する気分だが
弱肉強食の仲間たちに厭惡ができる心はしょうがないね

*江湖は世の中をたとえる.

소원

내가 바라는 소원이 하나 있다면
남과 비교하지 않고 오직 나만이
행복을 더할 것이고

내가 바라는 소원이 하나 있다면
더 이상 슬퍼하지 않고 오직 이 세상에서
기쁘게 사는 것이고

내가 바라는 소원이 하나 있다면
이 세상에서 불만과 원망이 더 이상
생기지 않게 하는 것이라

내가 바라는 소원이 하나 더 있다면
기름지고 즐거운 인생이 되어 육체가
빠져나간 내 영혼을 영원히 기리는 것이다

願い

私が望む願いが一つあれば
他人と比較せずにただ私だけが
幸せを増すだろうし

私が望む願いが一つあれば
これ以上悲しまずただこの世で
嬉しく生きることだし

私が望む願いが一つあれば
この世で不満と恨みがこれ以上
できないようにするのだから

私が望む願いがもう一つあるとしたら
脂っこくて楽しい人生になって肉体が
抜け出した私の魂を永遠に賛えるのだ

초설(初雪)

따뜻한 목욕물에 몸을 담구고
머리를 참발(斬髮) 한 후
밖을 나와 보니
첫눈이 내리고 있었다

다음 주가 되면 병원 수술대에서
누워 있을 나를 그리면서 첫눈을 만졌다
뭐가 그리 급해서 간종양(肝腫瘍)이 생기게 하여
하늘에서 나를 모셔 갈려고 하는가

아직 첫눈과 함께 할 일이 많이 남았는데
그래도 종양을 제거하면 살 수 있다는 희망이
나를 더욱 설레게 한다
"성령이여 바람같이 불같이 생수같이 나타나소서!"

오늘 첫눈과 함께 걷는 나에게
"즐겁고 행복한 입맞춤을 하게 하소서!"
다시 사는 인생이 되면
나는 너를 아름다운 신부로 맞이하고 싶다

初雪

暖かいお風呂につかって
髪を斬髪した後
外を出てみると
初雪が降っていた

来週になると病院の手術台で
横になっている私を描きながら初雪を触った
何がそんなに急いで肝腫瘍ができるようにして
天から私をお連れしようとするのか

まだ初雪と一緒にすることがたくさん残っているのに
それでも腫瘍を除去すれば生きられるという希望が
私をもっとときめかせる
"聖霊よ風のように火のように生水のように現われますように！"

今日初雪と一緒に歩く私に
"楽しくて幸せなキスをさせてください！"
また生きる人生になったら
私はあなたを美しい花嫁に迎えたい

한사람

혼자서 모든 일을 처리하는 나에게
옆에서 친절하게 조언해주는
한사람이 있었으면 좋을 텐데

생각 없이 문득 길을 걸어가는 나에게
옆에서 다정하게 말을 걸어주는
한사람이 있었으면 좋을 텐데

식사 때가 되어 간단하게 준비하는 나에게
옆에서 자상하게 리더 해주는
한사람이 있었으면 좋을 텐데

하루 일과가 끝나고 잠자리에 드는 나에게
옆에서 웃으면서 등을 긁어주는
한사람이 있었으면 좋을 텐데

새벽에 일어나 멍하니 출근을 준비하는 나에게
옆에서 따뜻하게 손을 잡아주는
한사람이 있었으면 좋을 텐데

저 멀리서 조용하게 나를 향해 달려오는
금빛 마차 속에 있는 아름다운
한사람을 기다려보자

一人

一人ですべての事を処理する私に
そばで親切に助言してくれる
一人いたらいいのに

思わずふと道を歩いていく私に
そばで優しく声をかけてくれる
一人いたらいいのに

食事の時になって簡単に準備する私に
横で優しくリーダーしてくれる
一人いたらいいのに

一日の日課が終わって寝る私に
隣で笑いながら背中を掻いてくれる
一人いたらいいのに

夜明けに起きてぼんやり出勤準備する私に
横で暖かく手を握ってくれる
一人いたらいいのに

遠くから静かに私に向かって走ってくる
金色の馬車の中にある美しい
一人を待ってみよう

천천히

빨리 가는 것은 싫어
천천히 가는 것이 좋아
아무리 어지럽게
깔려 있어도
천천히 정리해

식사도 천천히 하면
건강해지지
사랑도 천천히 하면
올바른 결실을
거둘 수 있어

뭐든 빨리하면
후회할 수 있어
운전하는 일도
주차하는 일도
천천히 해

천천히 살자

빨리 살면
염라대왕(閻羅大王)이
급히 부를지도 몰라
천천히 걸어가자
행복의 문을 향해

ゆっくり

早く行くのはいやだ
ゆっくり行った方がいいよ
どんなに目まぐるしく
敷かれていても
ゆっくり整理して

食事もゆっくりすると
健康になるよ
恋もゆっくりすれば
正しい実を
収められるよ

何でも早くやれば
後悔するかもしれない
運転することも
駐車することも
ゆっくりやって

ゆっくり生きよう

早く暮せば
閻羅大王が
急いで呼ぶかもしれない
ゆっくり歩いて行こう
幸せの扉に向かって

나의 부르짖음

유명인(有名人)이 되려고도
하지 않았다

거금(巨金)을 벌려고
욕심도 부리지 않았다

오직 지혜를 달라고
열심으로 간청(懇請)했을 뿐이다

아침에 일어나면
마음의 창문을 열고
직장에서 활기차게
일하게 해달라고 부탁했다

건강한 심골(心骨)을 위해서
세차게 주문(主文)했지만

살아있는 동안
배우고 익히는 일에
더욱 매진일로(邁進一路) 하라네

私の叫び

有名人になろうとも
しなかった

巨金を稼ごうと
欲心も見せなかった

ただ知恵をくれと
熱心に懇請しただけだ

朝起きたら
心の窓を開けて
職場で元気に
働かせてくれと頼んだ

健康な心骨のために
激しく注文したが

生きているうちに
学び身につけることに
もっと売り切れ一路をやれと言うんだよ

행복과 불행

뜻하지 않게 나에게 찾아오는
행복과 불행은

그 시초는
순식간에 오는 더위와 서리같이
구별하기 어렵다

하늘 저편에서 던져진
운석(隕石)과도 같이

그것은 번쩍이고 위협하면서
나의 머리 위에 궤도를 그린다

그것의 내습(來襲)을 받은 자는
매일 퇴색한 생활의 폐허(廢墟)로
그저 놀라고 당황할 뿐

힘차고 장엄하게
파괴적이고 제압적으로

행복과 불행은
원컨 원하지 않았건

당황하는 나에게
화려한 춤으로 도래(到來)하여

그것과 만난 자는
진실과 헌신을 가지고
장식으로 감싼다

행복은 외구(畏懼)로 넘치고
불행은 감미(甘味)로 넘친다

그것은 영원의 저편에서
나누어지지 않은 채
연이어 나를 찾아온다

둘 다 힘차고 두렵게
원근(遠近)에서 달려와서

시기하고 혹은 두려워 떨며
어찌할 바를 모르고 무서움을 느낀다

그때 이 세상의 것이 아닌 것은
혼란에 떨어져서 수습할 수 없어

이 지상의 극(劇)에

축복과 거절을 동시에 주면서
자신의 모습을 나타낸다

행복과 불행은 무엇인지
그것은 시간에 의해서 둘로 갈라진다

수수께끼와 같이 갑자기 일어나는 사건은
답답하고 고통스러움의 연속으로 변할 때

나의 인생은
낡아빠진 불행의 단조로움에 지쳐서
절망과 권태를 품고 살아간다

그때야말로 신실(信實)한 때
어머니의 때가 아닌가
사랑하는 친구와 형제의 때일까

신실이 모든 불행으로 가득 차고
그것은 조용히 부드러운 빛 속에 감싼다

幸福と不幸

思いがけず私に訪ねてくる
幸せと不幸は

その始まりは
あっという間に来る暑さと霜のように
見分けがつかない

空の向こうから投げ出された
隕石のように

それは光って威嚇しながら
僕の頭の上に軌道を描く

その來襲を受けた者は
毎日色褪せた生活の廢墟で
ただ驚いてあわてるだけ

力強く荘厳に
破壊的かつ制圧的に

幸せと不幸は
ワンコンを望まなくても

慌てる私に
華麗な踊りで到来して

それと出会った者は
真実と献身を持って
飾りで包む

幸せは畏懼であふれ
不幸は甘美にあふれる

それは永遠の彼方で
分け隔てなく
次次と私を訪ねてくる

二人とも力強く恐ろしく
遠近から走ってきて

妬ましくまたは恐れて震えながら
途方に暮れる

その時この世のものでないものは
混乱に落ちて収拾できない

この地上の劇に

祝福と拒絶を同時に与えながら
自分の姿を現す

幸せと不幸とは何か
それは時間によって二つに分かれる

謎のように突然起こる事件は
息苦しくて苦痛の連続に変わる時

私の人生は
古ぼけた不幸の単調さに疲れて
絶望と倦怠を抱いて生きる

その時こそ信実の時
母の時ではないか
愛する友達と兄弟の時かな

神室がすべての不幸に満ちて
それは静かに柔らかな光に包まれる

가을이 오는 소리

장열하게 쏟아내는 그 뜨거운 열기는
하늘 위로 올라갔나 땅 아래로 묻었나
생명력은 강하다 염절(炎節)의 끝자락에서

아쉬운 여름의 고뇌(苦惱)인가
뜨거운 바람의 인연(因緣)인가
비릿비릿한 가을바람이 입가에 입맞춘다

탈레반의 악몽도 사막의 지옥도
다 지나가고 천국의 가을이
내 눈가에 미소 짓는다

오! 행복한 가을이여
휘바람으로 와도 좋다
가슴 향기 풍기면서 오면 더욱 좋다

가을이 가득 차기 전에
주님과 깊은 대화를 해야겠다

秋が来る音

壮烈に降り注ぐその熱気は
空の上に上がったか地の下についたか
生命力は強い炎節の終わりに

惜しい夏の苦悩か
熱い風の因縁かな
生臭い秋風が口元に口付けする

タリバンの悪夢も砂漠の地獄も
すべて過ぎ去って天国の秋が
私の目の周りに微笑む

お! 幸せな秋よ
そよ風に来てもよい
胸の香りを漂わせながら来るとなおよい

秋が満ちる前に
神様と深い対話をしなければならない

행복한 고독

고독의 큰 파도는 누구에게나 밀려온다
마음의 깊이까지 고독의 파도를 마시지 않는다
기왕이면 행복한 고독을 꿈꾸자
고독의 여정(旅程)은 멀고도 험하다

오늘은 나만의 행복한 고독을 즐기자
슬픔이 기쁨으로 되는 꿈길을 걸어간다
좋은 스승이 있어 희망의 밭을 가꾼다
진리의 목자가 있어 정직한 의복을 입는다

우리의 인생길도 거조(擧措)한 고독이 아니고
밤의 현란한 가습기처럼 행복한 고독을 꿈꾸자
춥고 황량한 가슴에 따뜻하고 포근한 고독을 심자
"아 - 아 - 행복한 고독이 있게 하소서"

얼어붙은 눈물과 싸늘한 시체의 가슴도 녹이는 고독
좋은 이웃이 있어 고맙고 사랑의 공동체가 있어 편하다

幸せな孤独

孤独の大波は誰にでも押し寄せる
心の底まで孤独の波を吸わない
どうせなら幸せな孤独を夢見よう
孤独の旅程は遠くて険しい

今日は私だけの幸せな孤独を楽しもう
悲しみが喜びになる夢路を歩いて行く
よい師がいて希望の畑をつくる
真理の羊飼いがいて正直な衣服を着る

私たちの人生の道も擧措な孤独ではなく
夜の華やかな加湿器のように幸せな孤独を夢見よう
寒くて荒涼とした胸に温かくて暖かい孤独を植えよう
"あ – あ - 幸せな孤独があるようにしてください"

凍える涙と冷たい死体の胸も溶かす孤独
いい隣人がいてくれてありがたいし愛の共同体があって楽だ

백설(白雪)

언론에서는 눈이 많이 내려 '눈 폭탄'이라 했다
퇴근길에 버스를 타는데 수 십분 걸렸다

저 멀리 보이는 작은 건물은 먹기 좋은 백설기 같았다
옆에는 여중생의 재잘거림을 듣고 있자니
피로는 조금씩 지워진다

내가 입고 있는 외투는 흰설탕이 가득 뿌려져
감미로운 솜사탕으로 붙어 있었다
그래도 '몹쓸 눈' 하면서도 겨울의 깊은 맛을 느낀다

白雪

言論は大雪で'雪爆弾'と呼んだ
仕事帰りにバスに乗るのに数十分かかった

あの遠くに見える小さな建物は食べやすい白雪器のようだった
傍らには女子中学生のおしゃべりを聞いていると
疲れは少しずつ取れる

私が着ているコートは白い砂糖でいっぱいで
甘美な綿菓子でくっ付いていた
それでも'ひどい雪'しながらも冬の深い味を感じる

밥줄의 언변(言辯)

변설(辯舌)이 부족한 내공(乃公)은
상사(上司)에게 공박(攻駁)을 당한다
고객(顧客)들은 자세한 안내와 설명에 찬성한다

상급자는 시기심이 발동되어 당인(當人)을 해친다
고담(高談)이 많으면 오류(誤謬)가 생긴다
직급이 미천(微賤)하여 서글픈 마음을 달래며 귀가했다

직장의 언변(言辯)은 상하 복종 관계이다
매상(每常) 이곳은 전쟁장(戰爭場)이다
억울하면 출세해야 한다
상사보다 고객을 우선으로 대해야 한다

매일 감사로 봉상(奉嘗)하며 나쁜 기의(氣意)를 잊어야 한다 역동적
인 노래를 부르며 불안한 감정을 달래야 한다
신(神)에게 간절한 마음으로 애원(哀願)하고 있다

아 아! 이것이 생애(生涯)인가 아니면 운명인가
부지(不知)한 밥줄의 언변을 생각하노라

飯の種の弁舌

弁舌が足りない乃公は
上役に脅される
顧客は詳しい案内と説明に賛成する

上級者は嫉妬心が発動して当人を害する
高談が多いと誤謬が生じる
職級が微賤で物悲しい心をなぐさめて帰宅した

職場の言辯は上下服従関係だ
売り上げここは戦場だ
くやしかったら出世しなければならない
上司より顧客を優先して扱うべきだ

毎日感謝で捧げて悪い気意を忘れなければならない
ダイナミックな歌を歌い不安な感情を和らげるべきだ
神に切なる思いで哀願している

ああ! これが生涯なのか それとも運命なのか
不知するな飯の話術を考える

병간(兵間)

전쟁은 국가와 국가 간의 싸움만이 아니다
전지(戰地)는 내가 하고 싶다고 되는 게 아니다
내가 싫다고 해서 그만두게 되는 것도 아니다

너무 젊은 나이에 포기하면 구차(苟且)하다
너무 수발황락(鬚髮黃落)의 나이까지 버티면 욕심일까
전장(戰場)에서 불순(不純)한 인간을 다루는 게 어렵다

하루의 전쟁은 누가 실수를 적게 하는가에 달려 있다
누가 입을 조심하는가에도 달려 있다
환란 때에는 침묵이 최선의 처세이다

전쟁의 모범(模範) 대상은 은근한 시새움이 나타난다
상대가 상급자일 때는 수모(受侮)를 겪게 된다
전쟁에서 이기려면 인내(忍耐)가 필요하다

전쟁 중 상대를 밟는 인간은 원혐(怨嫌)의 대상이 된다
병간(兵間)에서 사는 실상이 저승에서 사는 것보다 낫다
승전가(勝戰歌)를 부를 때 태양도 별들도 나를 환영(歡迎)한다

*이 시의 제목인 병간(兵間)은 작가 자신의 직장을 '전쟁하는 사이', 또는 '싸움을 치르는 장소'로 환유적(換喩的) 표현을 썼다.

兵間

戦争は国家と国家間の戦いだけではない
戦地は私がしたいからといってできるものではない
私がいやだからといってやめるわけでもない

若すぎてあきらめると苟且になる
あまりにも鬢髪黄落の年まで持ちこたえれば欲だろうか
戦場で不純な人間を扱うのは難しい

一日の戦争は誰が失敗を少なくするかにかかっている
だれが口を慎むかにかかっている
患亂の時には沈黙が最善の処世だ

戦争の模範対象はそれとなく妬みが現れる
相手が上級者の時は侮辱を受けることになる
戦争に勝つには忍耐が必要だ

戦争中に相手を踏む人間は原嫌の対象となる
兵間に住む実情があの世に住むよりましだ
勝戦歌を歌う時太陽も星も私を歓迎する

*この詩の題名である兵間は作家自身の職場を'戦争する間'または'戦いをする場所'として還遊的な表現を使った.

통증(痛症)

자네는 나와 친구 하려고 하지만
나는 자네가 내 몸에서
떨어지기를 참고 있어

자네는 나에게 도움 주려고 하지만
나는 자네가 내 몸에서
사라지기를 기다리고 있어

자네는 나와 동침(同寢)하려고 하지만
나는 자네가 내 삶에서
멀어지기를 바라고 있어

자네는 나와 동행하려고 하지만
나는 자네가 내 마음에서
잊혀지기를 바라고 있어

자네가 나를 얼마나 속상하게 하는지 자네도 알잖아
부디 내 시야에서 자네가 안보이기를
두 손 모아 빌께

痛み

君は私と友達になろうとしてるけど
私は君が私の体で
落ちるのを我慢してる

君は私を助けようとしているが
私は君が私の体で
消えるのを待っている

君は私と同寝しようとするが
私は君が私の人生で
遠ざかることを望んでいる

君は私と同行しようとしてるけど
私は君が私の心で
忘れられることを願ってる

君が私をどれだけ悲しませるか君も知っているだろう
どうか私の視野で君が見えないように
両手を合わせて祈るよ

사랑의 논증(論證)

누군가 "사랑은 받는 것보다 주는 게 낫다"고 말했지

누군가 사랑은 '눈물의 씨앗'이라고 노래를 불렀지

사랑의 무게는 알 수가 없다

사랑은 행복을 저울질하는 권칭(權稱)이었나

사랑은 부피가 얼마나 되는가

사랑의 값어치는 무엇으로 계산하는가

누군가 사랑은 남녀가 합궁(合宮)한다고 했는데…

愛の論証

誰かが"愛は受けるよりあげた方がいい"と言った

誰か愛は'涙の種'と歌を歌ったよ

恋の重さはわからない

愛は幸せを天秤にかける權稱だったかな

愛は体積がどの位なるのか

愛の値打ちは何で計算するか

誰か愛は男女が合宮すると言ったが…

감회(感悔)

지난날을 돌아보니
어두운 과거만은 아니네

어차피 대다수가
상로(商老)를 겨우 넘기다가

이 세상을 떠나는
강호(江湖)의 소풍길이 아니던가

어느날 내가 강탄(降誕)해서
부귀궁달(富貴窮達)을 향해 달리다가
갑자기 노경(老境)을 두려워하는구나

우리의 인생이 천년만년 살 것 같아도
서로가 좋아서 만나 살았지만
티격태격하다가 별리(別離)하지 않는가

이제야 깨달았지
인생은 '공수래공수거(空手來空手去)'라고
묘출(描出)하는구나

感悔

過ぎし日を振り返ってみると
暗い過去だけじゃないね

どうせ大多数が
やっと商老を越えて

この世を去る
江湖の遠足の道ではないか

ある日私が降誕して
富貴宮達に向かって走っていたが
急に老境を恐れるんだな

私たちの人生が千年万年生きるようでも
お互いが好きで会って暮らしたが
口げんかをして別離しないか

今になって気づいた
人生は'空挺来空挺手'だと
描出するんだ

인생의 앵화(櫻花)

음음적막(陰陰寂寞)의 거리를 지나가는데
갑자기 벚꽃 한 잎이 내 구순(口脣)에 입을 맞추었다

살짝 놀라 하늘을 보니 백의의 천사가 나타나서
내 행선지에 대해서 존문(尊問)하였다

내가 가는 곳은 생각하는 장소인가
아니면 시선이 집중되는 대중(大衆)의 장소인가

거리의 벚꽃이 지면
내 인생의 꽃도 질 것이다

내 인생은 순백(純白)의 생으로 살았는가
아니면 비루(鄙陋)한 생으로 살고 있는가

아쉬움의 한 날에서
숨죽이며 점심(點心) 식사 준비를 했다

人生の桜花

陰陰寂寞の街を通り過ぎるのに
急に桜の一葉が私の口唇に口付けをした

そっと驚いて空を見ると白衣の天使が現れて
私の行き先について尊問した

私が行く所は考える場所かな
それとも視線が集中する大衆の場所なのか

街の桜が散ると
私の人生の花も散るだろう

私の人生は純白の生として生きたのか
それとも鄙陋な生で生きているのか

物足りなさのある日で
息を殺して昼食の支度をした

신앙생활의 번민(煩悶)

교회 가서 목사의 설교를 들으면
회개와 감동의 눈물을 흘리잖아

목사가 교회에 자주 나오라고 강요하면
내 마음은 번민(煩悶)으로 만일(滿溢)하고

마음속에는 직장 걱정이 앞서가잖아
갈등의 눈물은 자꾸 말라 가고 있어

목사는 세상 생활과 교회 생활을
분리하면서 이중적인 설교를 하지만

과연 기도와 노동은 무엇이 먼저인가
교회를 나오면서 심히 고뇌(苦惱)하다가

하늘을 향해 '오 성령님 나 어떻게 살아요?'
라는 질문을 반복하는 하루였다

信仰生活の煩悶

教会に行って牧師の説教を聞くと
悔い改めと感動の涙を流すじゃないか

牧師が教会に頻繁に出ろと強要すると
私の心は煩悶でもし滿溢して

心の中では職場の心配が先走るじゃん
葛藤の涙はどんどん枯れていく

牧師は世の中の生活と教会の生活を
分離しながら二重の説教をするが

果たして祈りと労働は何が先なのか
教会を出る時ひどく苦悩したが

空に向かって'お聖霊様私はどうやって生きていますか?'
という質問を繰り返す一日だった

독종(毒種)에 대한 대처(對處)

상대가 분을 참지 못하고
나를 향해 심한 욕설(辱說)을 했다
그 자신이 오판(誤判)과 운전 미숙(未熟)으로
다른 차와 접촉사고를 내고서
내가 안내를 잘못해서
사고가 났다고 떠들어댔다

나는 조용히 듣고 원위치(原位置)로 돌아와서
불안한 실상(實相)을 은근(慇懃)히 기도했다
시간이 흐른 뒤에
더 좋은 일이 일어났다

동료는 "왜 따지지 않냐?"
어떤 이는 "속이 많이 상했구나!"
라는 말을 하지만
나는 '허접한 인생'이 아니라고
결코 '미천(微賤)한 소업(所業)'이 아니라고
내 삶의 주인은
오직 '성령(聖靈)'이라고 역설(力說)했다

毒種に対する対処

相手が怒りを抑えきれずに
私に向かってひどい悪口を言った
彼自身が誤判と運転未熟で
他の車と接触事故を起こしてから
私が案内を間違って
事故が起こったと騒ぎ立てた

私は静かに聞いて原位置に戻って
不安な実情をひそかに祈った
時間が経ってから
もっといいことが起こった

同僚は"どうして問い詰めないの"
ある人は"すごく傷ついたんだ"
ということを言いますが
私は'粗末な人生'ではないと
決して'微賤な所業'ではないと
私の人生の主は
ただ'聖霊'だと力説した

특별한 휴가

필연인지 우연인지 모르겠으나
생일날 연차 휴가를 쓰게 되었다

작은 케익을 하나 사서
나 혼자 촛불을 켜고
생일 축하 노래를 불렀다

나 자신을 사랑하고 나 자신을 위로해야
남은 인생을 멋지게 살지 않을까

나에게 꿈은
건강하게 살다가 후회없이 살다가
기쁜 마음으로 천국에 가는 것이다

성령도 내 마음과 일치하겠지

特別な休暇

必然か偶然かわからないが
誕生日に年次休暇を使うことになった

小さいケーキを一つ買って
僕一人でろうそくを灯して
誕生日の歌を歌った

自分自身を愛し自分自身を慰めてこそ
残りの人生を素敵に生きるんじゃないかな

私に夢は
元気に暮らして後悔なく生きて
嬉しい気持ちで天国へ行くのだ

聖霊も私の心と一致するだろう

행복한 경쟁(競爭)

이기적인 경쟁은 자신을 불행하게 만들며
사회에도 악(惡)을 끼치게 된다
선의의 경쟁은 자신과 사회에 유익이 되며
승리하거나 패(敗)해도 도리어 자신을 더욱 성장하게 한다

사랑이 있는 경쟁은 나보다 친구가 잘되기를 바라며
나보다 경쟁자가 더 잘되기를 바라니
이것이 최고의 행복이 아니겠는가

이기적인 경쟁보다 선의의 경쟁이 행복하고
선의의 경쟁보다 사랑이 있는 경쟁이 더 행복한 것이다

성장하는 동안 가난하지도 말고
타인을 부러워하지 말고 끝까지 희망을 잃지 말자

幸せな競争

利己的な競争は自分を不幸にして
社会にも悪を及ぼすことになる
善意の競争は自分と社会に有益になり
勝利しても負けてもかえって自分をもっと成長させる

愛のある競争は私より友達がうまくいくことを願いながら
私より競争者がもっとうまくいくことを願うの
これが最高の幸せではないか

利己的な競争より善意の競争が幸せで
善意の競争より愛のある競争がもっと幸せなのだ

成長する間貧乏もしないで
他人をうらやましがらず最後まで希望を失わないように

어린 아기씨(小姐)

아파트 단지를 산책하는데 어린 소저(小姐)가 할아버지 손을 잡고
나를 마주 보고 오면서 깊이 머리 숙여 인사를 한다

나도 모르게 "너 정말 예의가 바르구나! 너무 예쁘네!"라고 말을 했다

뒤돌아보는 그 어린 싹에게 인사받은 값을 하지 못한
나의 후회가 집에 도착할 때까지 가슴속에서 내내 떠나지 않았다

小さいお嬢さん

アパート団地を散歩する時幼い小姐がおじいさんの手を握って私に向かって深々とおじぎをする

思わず"君本当に礼儀正しいね! とてもきれいだね!"と言った

振り返るあの幼い芽に挨拶してもらった値打ちができなかった
私の後悔が家に着くまでずっと胸の中を離れなかった

개운한 긴 여름

초록이 빛나는 수채화 동산아
앞에서 춤추는 댄싱 퀸 분수야
웃으며 건너는 기분파 길사야
호수에 비치는 찬연한 친구야
이때는 개운한 긴 여름이겠지

*상기 사진을 보고 지은 시

すがすがしい長い夏

緑が光る水彩画の園よ
前で踊るダンシング女王噴水だよ
笑って渡る気分派の吉士だよ
湖に映る燦然たる友よ
この時は涼しい長い夏だろう

＊上記の写真を見て作った詩

영등포의 달

얼마나 너를 애타게 기다렸는가
네 등에 업히어 저 하늘에 오르면
낙원에 있는 제일 좋은 별을 따서
사랑하는 님에게 선물로 주려고
오늘 그 님의 별을 꼭 따고 싶구나

*상기 사진을 보고 지은 시

永登浦の月

いかに君を待ちわびていたか
君の背中におんぶされてあの空に登れば
楽園にある一番いい星を取って
愛するあなたにプレゼントしようと
今日あの方の星を必ず取りたいな

＊上記の写真を見て作った詩

나의 사계절(四季節)

유년기와 청소년기에는
길라잡이와 인도자가 나에게는 없었다
이것이 후회로 거울을 보는
나의 봄의 계절이다

청년기와 장년기에는
철이 없어서 급한 마음으로 나는 수많은 실수를 했다
이것이 후회로 거울을 보는
나의 여름의 계절이다

지금 노년기에 접어든 나는
아직 가리사니를 잡을 수 없어서 간험(艱險)하게 산다
이것이 현실로 거울을 보는
나의 가을의 계절이다

다가올 황혼기에는 따뜻하게 영접을 받으며
지혜의 쟁반에서 간소(簡素)한 식단을 준비하자
이것이 미래로 거울을 보는
나의 겨울의 계절이다

私の四季節

幼年期と青少年期には
私には道しるべと導き手がなかった
これが後悔で鏡を見る
私の春の季節だ

青年期と壮年期には
分別がなかったので私は焦って多くの間違いを犯した
これが後悔で鏡を見る
私の夏の季節だ

今老年期に入った私は
まだ判断力がつかめないので艱険に生きる
これが現実に鏡を見る
私の秋の季節だ

これからの夕暮れには温かく迎えられ
知恵のお盆で簡素な献立を用意しよう
これが未来に鏡を見る
私の冬の季節だ

내 생각

이 땅에서 태어난 것에 감사하다

출근하면 일할 수 있어서 감사하다
퇴근하면 쉴 공간이 있어서 감사하다

아프지 않고 건강하게 살고 있어서 감사하다
답답할 때 기도할 수 있어서 감사하다

간섭없이 자유롭게 살고 있어서 감사하다

들풀처럼 살다가 갈 수 있어서 너무 감사하다

私の考え

この地で生まれたことに有り難い

出勤すれば働けて有り難い
退勤したら休む空間があって有り難い

病気にならずに元気に暮らしていて有り難い
もどかしい時に祈ることができて有り難い

干渉なしに自由に暮らしていて有り難い

野草のように生きて行くことができてとても有り難い

봄의 비밀

북한(北限)과 남란(南亂)은 다 차가운 기후에 따르지만
차제(次第)에 나뭇가지가 거꾸로 자리 아래 누었구나
하나의 붉은 안개처럼 물들인 것이 더욱 빛나네
전생(前生)부터 너는 얼마나 닦았길래 그렇게 고운가

만목(蔓木)이 봄을 맞아 푸른 색깔로 보이는데
그대는 봄에 오지 않고 아직도 세한(歲寒) 중에 있는가
매화(梅花)의 봄은 스스로 그 시절을 지체(遲滯)하고
모든 풀이 동풍을 즐기는데 그대는 아직도 북풍을 즐기는가

원래 매화는 얼음과 서리와 눈과 달의 대명사가 아닌가
그대의 맑고 높고 결백함은 온 세상이 다 아는지라
스스로 점염(點染)되어 연지 찍은 뺨처럼 된 그대는
한가롭게 지내는 저 시객(詩客)처럼 게으름뱅이가 되겠구나

봄은 강남에서 와서 매화가 제일 먼저 나뭇가지에 앉고
꽃은 목걸이와 귀걸이와 팔찌 모양으로 나란히 피고
비록 꽃 중에서 그대를 왕호(王號)로 정하지 않았지만
뭇풀이 그대를 북면(北面)으로 감출걸

春の秘密

北限と南蘭はいずれも冷たい気候に従うが
次第に木の枝が逆さまに横になったな
一つの赤い霧のように染めたのが もっと輝く
前生からあなたはどんなに磨いたからそんなにきれいなのか

蔓木が春を迎えて青い色に見えるが
君は春に来ないでまだ歳寒中にいるのか
梅花の春は自らその時代を遅らせて
すべての草が東風を楽しむのに君はまだ北風を楽しむのか

もともと梅花は氷と霜と雪と月の代名詞ではないか
君の清く高く潔白さは世界中が知っているものだから
自ら點染されて紅をつけた頬のようになった君は
のんびり過ごすあの詩客のように怠け者になろう

春は江南から来て梅花が一番先に木の枝に座って
花はネックレスとイヤリングとブレスレットの形で並んで咲き
たとえ花の中で君を王号に決めなかったが
むっつり君を北面に隠せばよかった

세상에는

이 세상에는
먹는 것을 좋아하는 사람도 있고
말수가 적은 사람도 있고
부지런하게 사는 사람도 있으며
자식 자랑을 취미로 하는 사람도 있다

다른 세상에는
해를 의지하고 싶어하는 사람도 있고
달을 의지하고 싶어하는 사람도 있으며
별을 의지하고 싶어하는 사람도 있지만

또 다른 세상에서
오직 나는 성령을 받고 싶고
그 성령을 의지하고 싶다

世の中には

この世には
食べることが好きな人もいるし
口数の少ない人もいるし
勤勉に生きる人もあり
子供自慢を趣味とする人もいる

異世界には
太陽を頼りにしたがる人もいるし
月を頼りにしたがる人もあり
星を頼りにしたがる人もいるけど

また違う世界で
ただ私は聖霊を受けたいし
その聖霊を頼りにしたい

삶의 의미

나의 삶은 한 조각의 구름이 흘러감이요
나의 직장은 한 그루의 나무가 자라감이요
나의 꿈은 한 권의 저서를 쓰는 것이라

나의 노래는 흥겨운 탱고를 추는 것이요
나의 휴식은 따스한 햇볕을 쬐는 것이요
나를 키워온 세월은 보고 싶은 고향집이다

生の意味

私の人生は一片の雲が流れる
私の職場は一本の木が育っていくことです
私の夢は一冊の著書を書くことだから

私の歌は楽しいタンゴを踊ることです
私の休みは暖かい日差しを浴びることです
私を育ててきた歳月は見たい故郷の家だ

사람의 등급

말을 공손하게 하는 사람이 으뜸이며
표정을 밝게 하는 사람은 우등(優等)이라

친절하게 대인관계를 하는 사람이 명현(明賢)이며
말버릇이 거친 사람은 하풍(下風)이라

화를 자주 내는 사람이 하등(下等)이며
예의 바른 사람은 상등(上等)인데

일도 잘하고 친절한 사람은 최고가 아닌가

人の等級

言葉を慎ましやかに言う人が一番で
表情を明るくする人は優等だから

親切に対人関係をする人が明賢であり
口癖の悪い人は下風だから

よく怒る人が下等で
礼儀正しい人は上等なのに

仕事も上手で親切な人は最高ではないか

우주의 원리

달이 차면 기울기 마련이며
해가 밝으면 떠오를 것이고
물이 가득 차면 넘치리라

남녀의 애정이 절정이면
사랑의 꽃이 피고
노래와 춤이 박자에 맞으면
한 편의 드라마가 되리라

웃음이 넘치면 희극이 될 것이며
소망의 꿈을 꾸면
성공의 이불을 덮으리라

宇宙の原理

月が満ちると傾きがちで
日が明るいと昇るだろうし
水が満ちるとあふれるだろう

男女の愛情が絶頂なら
愛の花が咲いて
歌とダンスがリズムに合うと
一本のドラマになるだろう

笑いが溢れたら喜劇になるだろうし
願望の夢を見れば

나의 다짐

어떤 길이라도 가다가 넘어지지도 말며
몸에 면역성을 길러서 감기를 막는 것이 여하한지

음식을 가려서 먹고 과식하지 말며
더 늙기 전에 여행을 가보려는 것은 여하한지

말을 하고 싶을 때는 좋아하는 노래를 부르며
말수를 줄이고 생각을 많이 하려고 하는 것은 여하한지

유튜브를 보는 시간에 책을 많이 읽으며
답답하고 외로울 때 기도에 몰입하는 것은 여하한지

늘 성령이 나타나게 기도하는 것이 진정 나의 다짐이다

私の誓い

どんな道でも行く途中で転ばずに
体に免疫性をつけて風邪を防ぐことが如何なるか

食べ物を選り好みして食べ食べ過ぎないように
もっと老ける前に旅に出ようとするのは如何なるか

話したい時は好きな歌を歌って
口数を減らして考えを多くしようとするのは如何なるか

ユーチューブを見る時間に本をたくさん読みながら
息苦しくて寂しい時に祈りに没頭するのは如何なるか

いつも聖霊が現れるように祈るのが真情私の誓いだ

소나기눈 길

이른 새벽에 소나기눈을 맞으며 걸었는데
어딘가에서 동행하는 동반자가 나타났네

신발이 빠지는 설이(雪異)를 피하면서
마을버스를 기다렸는데

어떤 아낙네가 큰소리로
나를 향해 걸어가기를 종용하니

갑자기 판단이 흐려져서
동반자에게 설문(設問)해서

열심히 함께 걸었더니
어느덧 대로 앞에 내착(來着)했네

大雪の道

早朝に大雪に降られながら歩いたが
どこかで同行する同伴者が現れたね

靴が抜けるという説異を避けながら
コミュニティバスを待っていたんですが

ある婦女子が大声で
私に向かって歩くことを慫慂すると

急に判断がぼやけて
同伴者に設問して

一生懸命一緒に歩いたら
いつのまにか通りの前に来着したよ

올바른 성직자를 만나면

세상 풍파를 겪다가 지쳐 있을 때
올바른 성직자를 만나면 존경심이 생긴다

서럽고 원통하여 눈물을 흘릴 때
올바른 성직자를 만나면 자신감이 생긴다

절대적 불수진(拂鬚塵) 상태에 놓여 있을 때
올바른 성직자를 만나면 정의감이 생긴다

어떤 목표를 향해 질주해 갈 때
올바른 성직자를 만나면 파라다이스가 나타난다

희망이 이슬처럼 조용히 사라질 때
올바른 성직자를 만나면 좋은 일이 일어난다

인생을 바보처럼 살아갈 때
올바른 성직자를 만나면 정말 행복하게 된다

正しい聖職者に会うと

世の荒波にもまれて疲れている時
正しい聖職者に会うと尊敬の念が生じる

悲しくて悔しくて涙を流す時
正しい聖職者に会うと自信がつく

絶対的な拂鬚塵状態に置かれているとき
正しい聖職者に会うと正義感が生まれる

ある目標に向かって疾走していく時
正しい聖職者に会うとパラーダイースが現れる

希望が露のように静かに消える時
正しい聖職者に会うといいことが起こる

人生を馬鹿みたいに生きていく時
正しい聖職者に会うと本当に幸せになる

마음을 비우는 생각

조선의 둔한 임금 인조는
도체찰사를 임용하려는데
지과인(指寡人)은 많고 인걸(人傑)은 없으니

오리(梧里) 대감을 거천(擧薦)했지만
여러 번 거절한 오리는 구국의 일념으로
그 직을 수락하여 국가를 살려냈으니

목하(目下) 참상이나 그때의 과정도
당시 왕정을 잘 수행한 오리의 위대함이 아닌가

자신의 업적을 후세가 모르게 하라는
유음(遺音)을 한 그는 성현(聖賢)이 틀림없고
자신이 왜란과 호란을 막지 못한 자책으로
끝까지 전수(田叟)로 일생을 마쳤으니
이런 처세(處世)가 진정 마음을 비우는
생각이 아닌가

*오리(梧里)는 조선시대 영의정을 지낸 이원익(李元翼) 대감을 지칭한다.

心を空ける思い

朝鮮の鈍い王仁祖は
都體察使を任用しようとしているが
指棄人は多いし人傑はないから

梧里大監を擧薦したが
何度も断った梧里は救国の一念で
その職を受諾して国を救ったのだから

目下の惨状やその時の過程も
当時王政をうまく遂行した梧里の偉大さではないか

自分の業績を後世が知らないようにしろという
遺音をした彼は聖賢に違いないし
自分が倭乱と胡乱を防げなかった自責で
最後まで田叟で一生を終えたので

こんな処世が本当に心を空にする
考えではないか

＊梧里とは朝鮮時代の領議政を務めた李元翼大監を指す．

정치가에게 고함(高喊)

동서가 나뉘고 남북이 분단인데
구슬과 비단이 온 나라에 넘쳐도

수평선 푸른 바다로 막혔던
이 땅은 오랜 세월 동안 고생했지만
동서와 남북은 산천이 다르더냐

풍속과 교육보다 예법을 중시하는
이 나라 충신들은 의관만 정제하지 말고
믿음을 굳게 지켜 모국(母國)을 살려내라

지극한 정성은 하늘이 지켜보고 있고
어진 덕을 베풀면 바다가 동정(同情)한다

깃발 앞세워 백성들을 길들이지 말고
박잡(駁雜)한 정책은 버리고
아름답고 푸른 뜻을 굳게 지켜
영원불변한 조국을 만들어라

政治家に高喊

東西が分かれて南北が分断なんですが
玉と絹が国中にあふれても

水平線の青い海で塞がれていた
この土地は長年苦労したが
東西と南北は山河が違ったのか

風俗や教育より礼法を重視する
この国の忠臣たちは衣冠だけを精製するのではなく
信心を固く守り母国を救い出せ

至極の真心は天が見守っていて
善良な徳を施せば海が同情する

旗を掲げて民を手なずけないで
駁雑な政策は捨てて

美しく 青い 意味を 固く 守り
永遠不変の祖国を作れ

엄마의 상징

내가 중학생이 되던 해 부친이 새엄마를 모셔 왔다
엄마라고 부르라는 부친의 말을 무시했다
부친은 내 종아리에 피멍이 들도록 때리셨다

어느 가을날 깊은 계곡으로 소풍(逍風)을 갔지만
도시락을 싸가지 않아서
새엄마가 김밥 도시락을 들고 왔다
나는 도시락을 건네받아 계곡물에 쏟아 버렸다
새엄마의 눈에는 수기(水氣)가 넘치고 있었다

집을 도탈(逃脫)하여 옷 가방을 정리하는데
가방 속에 곱게 포장된 비닐봉지가 숨어 있었다
비닐봉지 속에는 양말과 내복 한 벌이 들어있었고
가지런히 쓴 새엄마의 편지가 나에게 눈짓했다

이제껏 독하게 참았던 눈물이 주르륵 흐르고 있었다
눈물 콧물 뒤범벅이 되며 새엄마의 편지를 큰 소리로 읽었다

삭풍(朔風)이 불던 날 부친과 새엄마의 내복을 준비해서

밤새 눈이 많이 내린 본가(本家)를 찾아갔다

"엄마! 그동안 저 때문에 속상하셨죠?
 이제부터 이 내복처럼 따뜻하게 모실게요!"

어색해서 속으로 웅얼거리는 내 모습을 본
엄마는 눈물을 흘리며 따뜻한 두 팔로
나를 감싸 안아 주셨다

母の象徴

私が中学生になった年に父が継母を連れてきた
母と呼べという父親の言葉を無視した
父は私のふくらはぎを痛めるほど殴った

ある秋の日深い渓谷へ逍風に行ったが
お弁当を持って行かないので
継母がのり巻き弁当を持ってきた
私は弁当を手渡され谷の水にこぼしてしまった
継母の目には水氣があふれていた

家を逃脱して服のかばんを整理するのに
かばんの中にきれいに包装されたビニール袋が隠れていた
ビニール袋の中には靴下と下着一着が入っていて
きちんと書いた継母の手紙が私に目配せした

今まで強く堪えていた涙がぽろぽろ流れていた
涙と鼻水がごちゃごちゃになって継母の手紙を大声で読んだ

朔風が吹いた日父親と継母の肌着を準備して

夜通し雪の多い本家を訪ねた

"お母さん！これまで私のせいで悔しかったでしょう？
これからこの肌着のように暖かくご案内します！"

ぎこちなくて心の中でぶつぶつ言う私の姿を見た
お母さんは涙を流しながら暖かい両腕で
私をかばってくれた

내가 나에게 질문을 한다

퇴근길 버스 안에서 나는 조용히 숨을 마셨다
이 땅에서 사는 동안 나는 우주의 한 조각이다

신성한 노동력에 힘을 다하고
질서있는 생활과 절제된 삶으로 살고 있다

혼탁한 정치판의 도랑창보다
나는 깨끗한 계수변(溪水邊)이다

가끔 내가 나에게 질문을 한다
"내가 몇 살까지 노동을 할 수 있을까?"
라는 문제 제기로 생각을 골똘히 한다

다음은 "내가 몇 살까지 살 수 있을까?"
라는 심각한 고민을 한다

집에 있는 물건은 꼭 필요한 것만 남기고
조금씩 버리는 연습을 한다

그러면 좁은 집이 넓어지게 되고
갑자기 나는 젊은이가 되어 간다

私が私に質問をする

私はバスの中で静かに息をのんだ
この地に住んでいる間私は宇宙の一片だ

神聖な労働力に力を尽くして
秩序ある生活と節制された生活で暮している

混濁した政界の不潔な溝より
私はきれいな溪水邊だ

時々私が私に質問をする
"私が何歳まで労働ができるだろうか?"
という問題提起で考えを凝らす

次は"私は何歳まで生きられるかな?"
という深刻な苦悶をする

家にある物は必ず必要な物だけ残して
少しずつ捨てる練習をする

そうすると狭い家が広くなって
急に私は若者になっていく

율신(律身)의 훈련

자신을 다스리는 마음은
경건의 담금질이 필요하며

성령에게 내 마음을 내어주는 결단은
낙심과 포기를 하지 말아야 하며

신체를 의지하지 말고
성령에게 참된 성숙을 보여야 하며

악한 영적 전쟁에서 이기는 길은
나 자신의 전부를 성령에게 내어주어야 하며

절대 겸손으로 새로운 피조물이 되고
거듭남의 도장(圖章)을 찍어야 한다

律身の訓練

自分を治める心は
敬虔な焼き入れが必要で

聖霊に私の心を出す決断は
落胆と諦めをしてはならず

身体を頼らずに
聖霊に真の成熟を見せなければならず

邪悪な霊的戦争に勝つ道は
自分自身の全てを聖霊に捧げなければならず

絶対謙遜で新しい被造物になり
生まれ変わりの圖章を押さなければならない

외로울 때일수록

가끔 깊은 산속에서 홀로 살고 싶다고 생각했는데
일하다가 문득, 아! 그건 내 생각이 착오(錯誤)였다

외로울 때일수록 복잡한 도심에서 열심히 살아갈 때
일상생활과 주거안녕이 더 안전할 것이다

이제는 내가 정말 늙어간다는 광경인지
아니면 한 인간의 과실(果實)로서 익어가는 겉모양인지
알 수는 없지만 분명한 건 세월의 무게가 느껴지네

어찌 이 나이에 외로움의 갈증이 나타나지 않을까
광음여전(光陰如箭)이 무섭게 지나가면
곧 귀천(歸天)이 도래하겠지

寂しい時ほど

たまに深い山の中で一人で暮らしたいと思ったが
仕事中にふと, あ! それは私の考えが錯誤だった

さびしい時ほど複雑な都心で熱心に生きている時
日常生活と住居の安寧がより安全だろう

もう私が本当に老いていく光景なのか
それとも一人の人間の果實として熟していく外見なのか
分からないけど確かなのは歳月の重さが感じられる

どうしてこの年に寂しさの渇きが現れないのだろうか
光陰如箭が恐ろしく通り過ぎると
まもなく歸天が到来するだろう

말솜씨

손님에게 조금 유식한 말로 대답(對談)하면
"전직(前職)이 뭐냐?"라고 반질(反質)하고
때로는 경청(傾聽)하는 고객도 생기고
가끔은 무시(無視)하는 고객도 생긴다

말은 고상(高尙)하게 하는 것도 좋지만
상대가 이해하는 것이 더 중요하며
적극적인 표현이면 그 상대는 감동할 것이다

짧은 말과 짧은 문장이 이해가 빠르며
말은 본질이나 핵심만 상대에게 전달하고
췌언(贅言) 하거나 부연 설명을 하면
어설프고 휴흠(虧欠)한 말솜씨가 될 것이다

대인관계나 손님 상대(相對)에서 꼭 필요한 말만
전달하면 최고의 말솜씨로 평가될 것이다

口の利き方

お客さんに少し有識だの言葉で対談すると
"前職って何だ?"と反質し
時には傾聴する顧客も出てきて
時時は無視する客も出る

言葉は高尚にするのもいいが
相手が理解することがもっと重要で
積極的な表現ならその相手は感動するだろう

短い言葉と短い文章が理解が早くて
言葉は本質や核心だけ相手に伝え
贅言したり補足説明をすると
生半可な虧欠ある話し方になるだろう

対人関係やお客さん相手で必ず必要な言葉だけ
伝えれば最高の話術と評価されるだろう

버스 안에서

퇴근하여 버스를 타려고 전심전력(全心全力)을 다해 뛰어서
헉헉거리면서 버스에 오르니 뒤에 빈 좌석이 하나 보였다
흰머리의 노익장(老益壯)에게 좌석을 위해 양해를 구했는데
그가 수긍하여 창 쪽 자리에 앉아서 안도의 한숨을 쉬었다

내 얼굴은 행복한 표정이 되었고
내 입술에는 노래가 흘러나왔다
산다는 것은 신중한 자세로 여행을 즐기는 모습은 아닌지

집 근처에 와서 마을버스에 승차하고 뒤쪽을 향해가려는데
백발의 노부인(老婦人)이 벌떡 일어나며
자리를 창 쪽으로 권하면서 친절하게 반겨주었다

자신의 청춘 시절과 자식들 자랑을 하면서
한껏 자아도취(自我陶醉)되어 나에게
칭찬 아닌 칭찬을 하고 목소리를 높였다

"자기는 키가 작아서 그렇지 미남이야!"
"나의 외모는 왜소(矮小)합니다"라고 하며

겸허(謙虛)한 표현으로 그 노녀(老女)에게 답하고서
긴장하는 마음을 억지로 달래면서 귀가(歸家)했다

バスの中で

退勤してバスに乗ろうと全心全力で走って
あえぎながらバスに乗り込むと後ろに空席がひとつ見えた
白髪の老益壯に座席のために了解を求めたが
彼はうなずいて窓側の席に座り安堵のため息をついた

私の顔は幸せな表情になって
私の唇には歌が流れていた
生きるということは慎重な姿勢で旅を楽しむ姿ではないか

家の近くに来て村バスに乗車して後ろを向いて行こうとしたら
白髪の老婦人がぱっと起き上がり
席を窓側に勧めながら親切に迎えてくれた

自分の青春時代と子供たちの自慢をしながら
精一杯自我陶酔して私に
ほめ言葉ではなくほめ言葉を言って声を高めた

"あなたは背が低いだけで美男だよ!"
"私の外見は矮小です"と言って

謙虚な表現でその老女に答えてから
緊張する心を無理やりなだめながら帰宅した

감동의 친절

어떤 손님이 나가다가 나에게 다가와서
너무 친절해서 한번 인사드리려고 다시
왔다는 말에 당황한 나는 어쩔 줄 몰랐다

그 손님은 나의 친절에 감동했다고 했다

친절은 사람의 마음을 기쁘게 하기도 하고
친절은 사람의 마음에 온정(溫情)을 베풀기도 하며
친절은 서로가 행복하게 만들기도 한다

우리는 사회생활에서 친절의 밥을 먹고
우리는 공동생활에서 친절의 옷을 입고
우리는 직장생활에서 친절의 신발을 신는다

지금 친절한 나의 시계는 몇 시쯤 될까?
지금 친절한 나의 온도는 몇 도쯤 될까?
순수하고 정직한 친절은 감개(感慨)가 많다

感動の親切

あるお客さんが出て行って私に近づいてきて
とても親切なのでもう一度挨拶しようとまた
来たと聞いてあわてた私は途方に暮れた

その客は私の親切に感動したと言った

親切は人の心を喜ばせることもあるし
親切は人の心に温情を施すこともあり
親切はお互いを幸せにするものだ

私たちは社会生活で親切なご飯を食べて
私たちは共同生活で親切な服を着て
私たちは職場生活で親切の靴を履く

今親切な私の時計は何時ごろになるかな?
今親切な私の温度は何度くらいかな?
純粋で正直な親切は感慨が多い

기다림의 법칙

우리 인생의 성정(性情)은 느긋하게 기다림은 없고
고달픔과 기다림의 연속으로 살아가는 것이다

때로는 기막힌 웅덩이에 빠지기도 하고
배신의 웅덩이에서 부심(腐心)할 때도 있다

깨지는 가족의 웅덩이에 빠질 때도 있고
때로는 불같은 정욕에 빠질 때도 있다

어둠을 헤치고 걸어갈 때 성령께서
문제의 명예나 권력이나 돈을 피하게 하시고
나중에 권능과 겸손한 마음을 주시기도 한다

정욕을 버리고 경건의 연습을 할 때
기다림의 법칙은 나를 형통(亨通)으로 인계하고
새 노래와 승리의 노래를 부르게 한다

착한 일을 열심히 하면 성령에게 순종을 배우는
진리를 깨달으며 기쁘고 즐거운 인생이 될 것이다

待ちの法則

私たちの人生の性情はゆっくり待つことはなく
つらさと待ちの連続で生きるのだ

時には素晴らしい水たまりに落ちたりもして
裏切りの水たまりで腐心する時もある

割れる家族の水たまりに落ちる時もあるし
時には火のような情欲に陥ることもある

闇をかき分けて歩く時聖霊が
問題の名誉や権力やお金を避けるようにして
後に権能と謙遜な心を与えたりもする

情欲を捨てて敬虔の練習をする時
待つことの法則は私を亨通に引き継ぎ
新しい歌と勝利の歌を歌わせる

良いことを熱心にすれば聖霊に従順を学ぶ
真理を悟って嬉しく楽しい人生になるだろう

내 고향 원당마을

동네 한복판에 우뚝 서 있는 수양버들 아래서
촌로(村老)들이 서너 명 모여서 장기를 두던 날

나는 학교에서 돌아와 꽁보리밥을 물에 말아서
풋고추를 된장에 찍어 먹던 그 어린 시절

견부(肩部)에 망태기를 메고 소를 몰면서
뒷동산에 오르면 해가 뉘엿뉘엿 지고

이웃집에서 저녁밥을 짓느라 굴뚝에서
연기가 모락모락 나던 내 고향 원당마을

지금은 어디 갔을까? 모두 다 아파트로 변했네

아! 아! 그립구나! 내 고향 원당마을
아! 아! 보고 싶구나! 내 고향 원당마을

私の故郷のウォンダン村

町の真ん中にそびえ立つシダレヤナギの下で
村老たちが三, 四人集まって将棋を指した日

私は学校から帰ってきて麦飯を水に入れて
青唐辛子を味噌につけて食べていた子供の頃

肩部に網袋を担いで牛を率いて
裏山に登ると日が沈みかけて

隣の家で夕飯を炊いて煙突から
煙がもくもくと立ち上っていた私の故郷のウォンダン村

今はどこへ行ったのだろう? みんなアパートに変わったね

あ!あ! 懐かしいな! 私の故郷のウォンダン村
あ!あ! 会いたいね! 私の故郷のウォンダン村

2部

수필
随筆

내가 나에게 감사하면

언제가 어두운 밤길에서 시골 버스를 타고 간 기억이 난다. 그때 버스 안에서 가만히 눈을 감고 있었다. 갑자기 별이 내 가슴 안으로 들어왔다. 깜짝 놀라 꿈에서 깨어났다. 나에게는 어두운 과거가 많이 있었다. 어릴 때는 조모님 슬하에서 자랐다. 부모님에 대한 애정결핍으로 성장했다. 내가 나를 사랑하지 못했다. 내가 나에게 감사가 없었다. 이젠 내가 나에게 감사하면서 살고 있다. 이는 좋은 은사님이 계셨기 때문이다. 내가 내 안에 긍정적인 마인드가 조성되었다.

요전에 예순이 넘은 나이에 정치학 박사를 받았다. 별이 내 가슴안에서 속삭이고 있었다. 한 손에는 꿈을 잡고 또 다른 손에는 희망을 잡고 감사하면서 살았던 것이 현실로 나타났다. 곱게 무지개 피는 언덕은 날마다 내 고향이라고 생각했다. '감사'라는 주머니 속에 어두운 내 손을 넣으면 '웃음'이란 별이 하나씩 생기기 시작했다. 어느 때엔 10년간 버스를 왕복 여덟아홉 번씩 타고 다닌 적도 있었다. 그럴 때도 감사를 잊은 적이 없었다. 그때마다 생명수 강가에서 눈부신 나룻배를 타고 가는 꿈을 꾸었다. '너는 내게 부르짖으라 내가 네게 응답하겠고 네가 알지 못하는 크고 은밀한 일을 네게 보이리라.' 나는 예레미야가 되어 매일 감사의 기도를 드렸다.

  가끔은 낯선 나에게 친절을 베푸는 사람이 있었다. 그럴 때 나는 변장된 천사가 되지 못하고 에고이스트(egoist)가 되어 있을 때 많이 슬퍼한 적도 있었다. 구부러진 말을 네 입에서 버리고 삐뚤어진 말을 네 입술에서 멀리하지 못한 때도 있었다. 이럴 때 잠언은 나의 귀한 친구였다. 삼십년지기인 J집사와 K장로가 때로는 나의 움막살이에 와서 예배를 드렸다. 그때도 '감사'라는 별이 내 가슴속에 들어왔다. 내 마음속에는 '희망'이라는 등불을 늘 켜고 있다. 20세기의 끝자락에서 불혹의 나이로 들어선 나는 버스 운전을 하는 도중 여자 한 명이 갑자기 뛰어들어 사망사건으로 58일간의 영어(囹圄)의 몸이 되기도 했었다. 그때도 감사가 내 마음속에서 떠나지 않았다. 별은 항상 내 가슴속에서 늘 반짝이고 있었다.

  직장은 하루에도 몇 번씩 전쟁터가 된다. 가끔은 젊은 고객이 공경심 차원에서 "어르신"이라고 높이면 "놀리는 거요?"라고 하면서 간벽(癇癖)한 성격을 드러내었다. 그럴 때 마음속에서 감사한 생각을 하면서 사람을 다루는 방법을 깨닫게 된다. 동시에 성령님께 간절히 기도했다. 그러면 내 마음속에 평강이 흐른다. 약관에서 이립의 나이에 이른 여성직원이나 알바(Arbeit)에게는 일체 눈길을 주지 않는다. 그것이 나를 살리는 길이라고 생각했다. 마땅히 몸과 마음을 바르게 해야 한다. 겉과 속이 한결같아 어두운 곳에 거처해도 밝은 곳에 있는 것처럼 해야 한다. 혼자 있어도 여럿이 있는 것처럼 해야 한다. 이런 마음이 푸른 하늘과 흰 태양처럼 누구나 쳐다보도록 내 마음을 율신하여야 한다. 이는 율곡의 마음으로 돌아가기를 바랄 뿐이다. 직장은 전쟁터이고 집은 훈련소이나. 오직 내 미옴온 성령님과 감사로 동행해야 한다.

  인생이란 후회 속에서 뒤를 돌아보며 거울에 비치는 자신의 초상화를 엷게 그려야 한다. 나는 일주일에 한두 번씩 북악산에 올라간다.

북악산 호경암 정상에 오르면 '청산은 나를 보고 말없이 살라 한다. 창공은 나를 보고 티없이 살라 한다. 사랑도 벗어 놓고 미움도 벗어 놓고 물같이 바람같이 살다 가라' 했다. 나를 향해 못되게 행동한 직장동료들에게 미움의 감정을 지우지 못할 때도 있었다. 이럴 때 나옹선사의 마음으로 돌아간다. 오래전 이야기다. 제재소에서 회사 대표의 운전기사와 밤새도록 싸운 적이 있었다. 런닝셔츠가 피범벅이 되어서 집으로 돌아온 적이 있었다. 아내가 놀라 기절하였다. 그 후로는 남과 싸우는 일을 서서히 줄여갔다. 이젠 성령님이 내 마음속에 가득히 자리잡고 있다.

　연습도 없이 딱 한 번 오는 인생을 살면서 어찌 남을 미워하지 않고 살아갈 수 있을까. 하지만 한 번이라도 좋으니 오늘 먼저 상대방에게 마음을 열어보려고 노력하고 있다. 나의 편견으로 상대방의 마음을 알 기회 없이 스스로 차단하는 것은 어두운 작은 방에 자신을 가두어 점점 외롭게 만드는 것이다. 헤르만 헤세는 "누군가를 미워하고 있다면, 그 사람의 모습 속에 보이는 자신의 일부분을 미워하는 것이다"라고 말했다. 나는 미워했던 직장동료나 고객이 나타나면 침묵으로 마음을 정리하고 정돈한다. 노래를 부를 때 호흡조절을 하듯이 마음속으로 감사하면서 기도했다. 그 뒤로 마음이 상쾌해지면서 노래가 나온다. 내가 나에게 감사하면 좋은 일이 일어난다.

　유년기에 부친께서 계모와 함께 나를 많이 야단치고 폭력으로 대할 때 많이 울고 살았다. 그럴 때마다 조부모와 함께 유숙하고 살았다. 나는 정서가 많이 고갈되었으니 슬픈 노래를 좋아한다. 돌이켜 보면 내가 비행소년이 안된 것도 감사하다. 철없이 8년간 사랑한 여성이 잠수(潛水)하여 애가 타서 못 견디는 세월도 있었다. 그럴 때마다 감사했다. 더 좋은 일이 생긴다는 기대가 마음속에 자리 잡았다. 내 인생이 복잡하고 굴곡과 질곡의 세월이 지나도 중요한 건 나에게 감사가 꼭 붙어 다녔다. "성령님 감사합니다" 하고 기도했다. 기도는 영원한 안식이다.

　이젠 세월의 무게가 서서히 내 몸을 짓누르고 있다. 하루 5시간을 지하 주차장에서 근무하다 보면 머리가 띵해진다. 그럴 때마다 나는 감사하게 생각한다. "진갑(進甲)의 나이에 주 5일 근무하는 직장이 어디 있는가. 나는 참 행복한 사람이다"라고 나 자신에게 감사한다. 만약 격일제 근무를 했다면 박사논문은 절대로 쓸 수가 없다. 그러면 아무것도 아니다. 학문도 정치도 결과물로 말한다. 세상에는 곡학아세(曲學阿世)의 학문을 하는 자들이 많다. '학문의 도리는 다른 것이 아니라, 그 잃어버린 마음을 찾는 것뿐이다.' 어느새 나는 맹자의 마음으로 돌아간 것이다. 그런 의미에서 나는 정도의 학문을 한 것이 다행이다. 이는 좋은 은사를 만나서 결과를 낸 것이다. 일찍이 나는 중학교 시절 구미 금오산 아래에서 성장하면서 야은(冶隱) 길재 선생의 학문에 대한 영향을 많이 받은 탓일 것이다. 야은은 목은(牧隱) 이색과 포은(圃隱) 정몽주와 함께 고려 말의 삼은(三隱)으로 불린다.

　1982년 12월 겨울바람이 차갑게 부는 날이었다. 그 해 나는 그토록 힘들고 지겹던 대한민국 육군 방위소집해제를 했다. 자유를 만끽하고자 서울행 열차를 타고 구리에 사시는 숙부댁에서 1박을 하였다. 늦은 밤 부산행 야간열차에 몸을 싣고 이내 잠이 들었다. 한참 동안 자는 중에 옆에서 부스럭 소리가 들렸다. 눈을 지그시 떠보니 미모의 아름다운 여성이 내 옆에 앉아 있었다. 나는 놀라기도 했지만 너무 흥분되고 기분이 묘했다. 열차 안은 안개가 낀 것처럼 담배연기로 가득차 있었다. "저는 대전에서 탔고요. 구미까지 가는데 어디까지 가시는교?"라고 물었다. 얼떨결에 "저도 구미까지 가는데 예"라고 말했다. 그녀는 "그럼 잘됐네 예!. 저는 선산읍이 제집이라 에!"라고 말했다. 그녀는 해맑은 눈웃음을 보였다.

　우리 둘은 맥주도 한 잔 하면서 즐겁게 담소하였다. 어느듯 나에게도 취기가 돌고 서서히 긴장이 풀어졌다. "아가씨! 참 눈이 크고 예쁘네 예!"라고 하면서 접근했다. 그녀는 초록색 예비군복을 입은 나를 위아래로 힐끗 쳐다보고는 다시 입을 열었다. "나 보기보다 나이가 많습니더"라고 말했다. 순간 나는 당황하여 "몇 살이신데 예?"라고 물었다. 그녀는 "28살 입니더. 그쪽보다 내가 훨씬 나이가 많은 누나일낀데 와이카노?"라고 갑자기 반말을 하는 것이었다. 당시 나는 22살 싱그러운 숫총각이었다. "저요! 누나 좋아하면 안됩니꺼. 누나랑 사귀고 싶은데예!"라고 말했다. 그녀는 살며시 웃으면서 "좋아! 우리 구미역에 내려서 한 잔 더 할까?"라고 말했다. 그때 열차 여객 전무의 안내방송이 흘러나왔다. "다음 역은 구미역입니다. 구미역에서 내리실 손님은 잊으신 물건이 없으신지 잘 살펴보시고 목적지까지 안녕히 가십시오."

우리 둘은 구미역에 내려서 다방으로 갔다. 2차로 술을 마시고 나는 술을 이기지 못하고 그 자리에서 엎드려져 잤다. 그 시각이 04시였는데 그녀는 메모를 쪽지에 남기고 떠나갔다. 그 메모에는 "공부를 열심히 해서 꼭 정치학 교수가 되기를 바람. 예린!" 이런 문구가 적혀 있었다. 나 혼자 쓸쓸히 집으로 왔다. 그 후 나는 한동안 유난히 큰 눈과 보석같이 빛나는 얼굴 피부를 가진 예린 누나를 잊지 못했다. 1년 뒤 햇살이 고운 어느 날 구미 시내에서 그녀를 만났다. 그녀는 나를 향해 "나! 내일 미국으로 떠난데이. 부디 잘 되기를 바란데이."라고 하면서 손에 워터맨 만년필을 쥐어 주었다. 그 순간 나는 눈물을 흘리면서 "누나! 미국에 안가면 안되는교?"라고 말했다. 그 누나는 나에게 "나! 사실은 말 못할 지병이 있어서 치료받으러 가는거 아이가. 목표했던 대로 꼭 교수가 되어야 한데이." 하면서 걸음을 종종 걸어갔다.

그 후에 나는 가정형편이 어려워서 구미전자공업고등학교 1학년을 중퇴한 후 24년 동안 방황하다가 만학으로 경동방송통신고등학교, 한국방송통신대학교 학사, 한성대학교 대학원 석사, 경남대학교

대학원 박사로 졸업했다. 지금은 예린 누나 말 대로 교수는 못되었지만, 나름대로 직장에서 열심히 최선을 다하였다. 어느듯 정년퇴직을 하고 제2의 인생기인 이모작 인생 농사를 짓고 있다. "예린 누나! 보고 싶어. 꼭 만나서 누나에게 그동안 있었던 상황 보고를 하고 싶어. 누나 사랑해." 아직 나는 배움의 가는 길이 멀었고 지금보다 더 나은 삶을 살고 싶어서 감사하며 기도하고 있다. "누나! 어디서 뭐하고 지내는지 건강하게 잘 살아야 해. 기도 할께!" 나는 오늘도 예린 누나가 내 곁에 있는 착각을 할 때가 많다.

   비록 차가운 겨울 열차 속에서 만나서 잠시 몇 시간 동안 나에게 희망을 가르쳐 주었고 용기를 주었던 감사한 누나였다. 부디 어느 하늘 아래에서 살고 있다면 꼭 한번 만나 보고 싶다. 오늘은 'Karoline Kruger'의 'You Call It Love'를 예린 누나와 함께 듣고 싶다. 예린 누나가 준 워터맨 만년필로 지금도 글을 쓰고 있다. 내가 나에게 감사하면 좋은 일이 일어난다는 것을 순전히 알게 되었다.

私が私に感謝すれば

　いつか暗い夜道で田舎のバスに乗って行った記憶がある．その時バスの中でじっと目を閉じていた．急に星が私の胸の中に入ってきた．びっくりして夢から覚めた．私には暗い過去がたくさんあった．幼い時は祖母のもとで育った．両親に対する愛情不足で成長した．私が私を愛することができなかった．私は自分に感謝していなかった．今は私が私に感謝しながら生きている．これは良い恩師がいらっしゃったからだ．私が私の中に肯定的なマインドが造成された．

　この前60歳を過ぎた年で政治学博士を受けた．星が私の胸の中でささやいていた．片手には夢をつかみもう一方の手には希望をつかみ感謝しながら生きてきたのが現実に現れた．きれいに虹の咲く丘は毎日私の故郷だと思った．'感謝'というポケットの中に暗い私の手を入れれば笑いという星が一つずつでき始めた．ある時は10年間バスを往復8~9回ずつ乗って通ったこともあった．そんな時も感謝を忘れたことがなかった．その度に生命水の川辺でまぶしい渡し船に乗って行く夢を見た．'あなたは私に叫べ私があなたに答えるからあなたが知らない大きくて隠密なことをあなたに見せる．'私はエレミヤになって毎日感謝の祈りを捧げた．

たまには見知らぬ私に親切を施す人がいた．そんな時私は変装された天使になれずエゴイストになっていた時たくさん悲しんだこともあった．曲がった言葉を君の口から捨て曲がった言葉を君の口から遠ざけることができなかった時もあった．こんな時箴言は私の大切な友達だった．30年来の友人であるJ執事とK長老が時には私の小屋に来て礼拝をした．その時も'感謝'という星が私の胸の中に入ってきた．私の心の中には'希望'という灯りをいつもつけている．20世紀の終わりに不惑の年に入った私はバス運転中に女性一人が突然飛び込んで死亡事件で58日間の囹圄の体になったりもした．その時も感謝が私の心の中から離れなかった．星はいつも私の胸の中でいつも輝いていた．

職場は一日に何度も戦場になる．たまには若い顧客が敬心の次元で"お年寄り"と高めれば"からかうのですか？"と言いながら癇癖な性格を表わした．そんな時心の中で感謝の思いをしながら人を扱う方法を悟るようになる．同時に聖霊様に切に祈った．すると私の心の中に平康が流れる．弱冠で而立の年齢に達した女性職員やアルバイトには一切目を向けない．それが私を生かす道だと思った．当然体と心を正しくしなければならない．表と裏が同じで暗いところに住んでいても明るいところにいるようにしなければならない．一人でいても大勢いるようにしなければならない．このような心が青い空と白い太陽のように誰もが眺めるように私の心を律身しなければならない．これは栗谷の心に戻ることを願うだけだ．職場は戦場で家は訓練所だ．ただ私の心は聖霊様と感謝で同行しなければならない．

人生は後悔の中で後ろを振り向いて鏡に映る自分の肖像画を薄く描かなければならない．私は週に1, 2回北岳山に登る．北岳山の護警岩頂上に登ると'青山は私を見て黙って暮らそうとする．蒼空は私を見て無邪気に生きろと言う．愛も脱ぎ捨て憎しみも脱ぎ捨て水のように風のように生きろ'した．私に向かって悪い行動をした職場の同僚たちに憎しみの感情を消すことができない時もあった．このような時懶翁禅師の心に戻る．ずいぶん前の

話だ．製材所で会社代表の運転手と夜通し喧嘩をしたことがあった．ランニングシャツが血まみれになって家に帰ってきたことがあった．妻が驚いて気絶した．その後は人と戦うことを徐々に減らしていった．今は聖霊様が私の心の中にいっぱいに位置している．

　練習もなしに一度だけ来る人生を生きながらどうして人を憎まずに生きていけるだろうか．しかし一度でも良いので今日先に相手に心を開いてみようと努力している．私の偏見で相手の心を知る機会もなく自ら遮断することは暗い小さな部屋に自分を閉じ込めてますます寂しくさせることだ．ヘルマンヘッセは"誰かを憎んでいるならばその人の姿の中に見える自分の一部を憎むことだ"と話した．私は憎んでいた職場の同僚や顧客が現れれば沈黙で心を整理し整頓する．歌を歌う時呼吸調節をするように心の中で感謝しながら祈った．その後心がすっきりしながら歌が流れる．私が私に感謝すれば良いことが起きる．

　幼年期に父親が継母と一緒に私をたくさん叱り暴力で接する時たくさん泣いて暮らした．その度に祖父母と同居して暮らした．私は情緒がかなり枯渇したので悲しい歌が好きだ．振り返ってみると私が非行少年にならなかったこともありがたい．分別なく8年間愛した女性が潜水して気が気でならない歳月もあった．その度に感謝した．さらに良いことが起きるという期待が心の中に定着した．私の人生が複雑で屈曲と桎梏の歳月が経っても重要なことは私に感謝が必ず付いて回った．"聖霊様ありがとうございます"と祈った．祈りは永遠の安息である．

　今は歳月の重さが徐々に私の体を押さえつけている．1日5時間を地下駐車場で働いていると頭がぼーっとする．その度に私は感謝している．"進甲の年で週5日勤務する職場がどこにあるのか．私は本当に幸せな人だ"と自分自身に感謝する．もし隔日制勤務をしたとすれば博士論文は絶対に書けない．それでは何でもない．学問も政治も結果物で言う．世の中には曲学阿世の学問をする者が多い．'学問の道理は他ではなく，その失われた心を

探すことだけだ".いつの間にか私は孟子の心に戻ったのだ．そのような意味で私は正道の学問をしたのが幸いだ．これは良い恩師に会って結果を出したものだ．かつて私は中学校時代亀尾の金烏山の下で成長しながら冶隠吉再先生の学問に対する影響を多く受けたためだろう.冶隠は牧隠李穡と圃隠鄭夢周とともに高麗末の三隠と呼ばれる．

　1982年12月冬の風が冷たく吹く日だった．その年私はあれほど大変でうんざりしていた大韓民国陸軍防衛召集解除をした．自由を満喫しようとソウル行きの列車に乗って九里に住む叔父の家で1泊した．夜遅く釜山行きの夜行列車に乗り込みすぐに眠りについた．しばらく寝ている間に横でガサガサという音が聞こえた．目をそっと開けると美貌の美しい女性が私のそばに座っていた．私は驚いたがとても興奮して妙な気分になった．列車の中は霧が立ち込めたようにタバコの煙でいっぱいだった．"私は大田で乗りました．亀尾まで行くのにどこまで行くんですか?"と聞いた．思わず"私も亀尾まで行くのにはい"と言った．彼女は"じゃあ，よかったね! 私は善山邑が私の家です!"と言った．彼女は明るい目で微笑んだ．

　私たち二人はビールを飲みながら楽しく談笑した．いつの間にか私にも酔いが回って徐々に緊張が解けた."お嬢さん! 本当に目が大きくてきれいだね!"と言いながら接近した．彼女は緑色の予備軍の制服を着た私をちらりと見上げ再び口を開いた．"私は見た目より年上です"と言った．その瞬間私は慌てて"おいくつですか?"と尋ねた．彼女は"28歳です．そっちより私のほうがずっと年上のお姉さんなのにどうしたの?"と急にため口を使うのだった．当時私は22歳の若々しい独身男性だった."あのね! お姉さんのこと好きになってはいけないんですか? お姉さんと付き合いたいのですがが?"と言った."よし! 亀尾駅で降りてもう一杯飲もうか?"と彼女は笑いながら言った．その時列車旅客専務の案内放送が流れた."次の駅は亀尾駅です．亀尾駅で降りるお客様はお忘れ物がないかよく見て目的地までお気をつけください."

私たち二人は亀尾駅で降りて喫茶店に行った. 二次会でお酒を飲んで私はお酒に勝てずその場でうつぶせになって寝た. その時刻は4時だったが彼女はメモをメモに残して立ち去った. そのメモには"勉強を一生懸命して必ず政治学の教授になってほしい. イェリン!"こんな文句が書かれていた. 私一人寂しく家に帰ってきた. その後私はしばらくの間 特に大きな目と宝石のように輝く顔の皮膚を持ったイェリンさんを忘れることができなかった. 1年後日差しがきれいなある日亀尾市内で彼女に会った. 彼女は私に向かって"私! 明日アメリカに行くよ. なにとぞうまくいくことを願う."と言いながら ウォーターマンの万年筆を手に持った. その瞬間僕は涙を流しながら"お姉さん! アメリカへ行かなければなりませんか?"と話した. そのお姉さんは私に"私! 本当は言えない持病があって治療を受けに行くんじゃないの? 目標どおりに必ず教授にならなければならない."と言いながらたびたび歩いていった.

　その後に私は家庭の事情が厳しく亀尾電子工業高校1年生を中退した後 24年間さまよったが 晩学で京東放送通信高校, 韓国放送通信大学校学士, 漢城大学校大学院修士, 慶南大学校大学院博士で卒業した. 今はイェリン姉さんの言う通り教授にはならなかったがそれなりに職場で熱心に最善を尽くした. いつの間にか定年退職をして第2の人生期である二毛作の人生農業をしている. "イェリンお姉さん! 会いたい. ぜひ会ってお姉さんにその間あった状況報告をしたい. お姉さん! 愛してる."まだ私は学ぶ道が遠くて今よりもっと良い人生を生きたいと思って感謝しながら祈っている. "お姉さん! どこで何をして過ごしているのか元気に過ごしてね. 祈るよ!"私は今日もイェリン姉さんが私のそばにいる錯覚をする時が多い.

　たとえ冷たい冬の列車の中で会ってしばらく何時間も私に希望を教えてくれて勇気をくれた感謝なお姉さんだった. どうかある空の下に住んでいるならぜひ一度会ってみたい. 今日は'Karoline Kruger'の'You Call It Love'をイェリンさんと一緒に聴きたい. イェリンさんがくれたウォーターマン

万年筆で今も文を書いている. 私が私に感謝すれば良いことが起きるということを純粋に分かるようになった.

무도(舞蹈)를 배우지 않은 서울대감의 한 춤

 지난 초가을 어느 일요일 아침 전주행 열차에 몸을 실었다. 서울대 감으로서는 무모한 도전이었다. 한국에서 아주 독보적인 무희(舞姬) 인 가애 선생을 만나기 위해서다. 가애 선생은 별명이 '전주여우'라고 한다. KTX 열차는 1시간 50분 만에 전주역에 도착했다. 도착하기 5 분 전에 카톡으로 연락이 왔다. "도착하셨지라우?"이라는 내용이다. "아직 아이다 아입니꺼?"라고 대답했다.
 서울대감은 전주역에서 택시를 타고 "평화동 한양병원 앞까지 가 입시더!"라고 택시기사에게 말했다. 택시기사는 통통한 체질에 조금 표정이 굳어 있었다. "예. 알았어라우!"라고 말했다. 택시는 20여 분 만에 목적지에 도착했다. 택시가 도착한 후 전화가 왔다. 가애 선생 이었다. "위로 쳐다 보시오!" 그녀는 단순호치(丹脣皓齒)의 아름다운 여인이었다. 생각해보면, 2주 전에 전화 통화내용이 생각난다. "가애 선샘이십니꺼?"라고 말했더니, "네 제가 가애인데요!"이라고 대답했 다. 목소리는 경쾌하고 카리스마가 약간 있는 다이나믹스한 목소리였 다. 이어서 가애 선생 왈, "복장은요! 정장에 나비넥타이가 이뻐당게 요!"라고 말했다. 서울대감은 "알겠심더!"라고 답했다. 곧이어 서울대감은 "노래는 지가 선택해도 되지라오?"라고 전라도 사투리로 질문했다. "하하. 네. 그라지요!"라고 대답했다. 서울대감은 "노래는 중국어 버전입니다. 펑치치이미엔미엔(風凄凄意綿綿)입니다. 지가 심심할 때요 자주 부르는 노래입니더"라고 했더니, 그녀는 숨소리도 내지 않았다. 이 노래는 '나그네 설움'의 멜로디에 중국어 가사를 붙여서 부른 노래이다.

하이지떠나니엔 리비에시 런주워만꾸앙 레이주(還記得那年離別時 忍住我滿框淚珠)
위멍멍 렁펑치치 시앤더껑치미(雨濛濛冷風凄凄 顯得更凄迷)
산멍하이시 농칭미이 웨이허니 떠우이왕지(山盟海誓濃情蜜意 爲何你都已忘記)
리우게이워 추앙통훼이이 펑티엔워꾸지(留給我創痛回憶 平添我孤寂)

하이지더 왕르티엔누미 루진워통시우이(還記得往日甛如蜜 如今我痛失無依)
니슈어궈 쓰칭뿌이 난다오니왕지(你說過此情不移 難道你忘記)
쉐이란니스 왕칭푸이 워런옌 용위옌아이니(雖然你是忘情負義 我仍然永遠愛你)
쩡르리 워쉬씨앙니옌 하이스니이꺼니(整日里我所想念 還是你一個你)

1절부터 2절까지 중국어로 노래를 불러 주었다. 가애 선생은 감동했는지 박수를 신나게 쳤다. "어매 잡것 환장해버리네!"이라고 요란하게 말했다. 계속해서 그녀는 "국제적 감각이 뛰어나네요!"이라고 말했다. 곧이어 카톡으로 동영상을 보내왔다. "지터벅이네요? 지터벅을 배우셨어라우?"이라고 말했다. 서울대감은 갑자기 멍해지기 시작했다. "선샘예! 한 번 살려주우이소?"라고 과감하게 말했다. "해해. 네. 네. 알았당게요!"이라고 부드럽고 감미로운 목소리로 응답했다. "선샘예! 그날 점심은예 지가 살께예"라고 했더니, 그녀는 무척 좋아했다. 서울대감은 과연 이 여인과 경가만무(輕歌曼舞)를 즐길 수 있을 것인가? 서울대감은 동쪽을 향해 성령님께 간절히 기도했다.

그날은 10월 10일이다. 대만과 중국에서는 쌍십절(雙十節)이다. 옥상 건물에 위치한 '전주토마토댄스학원'이라는 간판이 힘차게 서울대감을 향해 쏘아 봤다. 출입문을 여는 순간 그녀는 서울대감을 향해 "오째 요롷게 잘 생겨버렸어요?"이라고 말하길래, 그는 갑자기 당황했다. "선샘은 그란데 굉장한 세계적 미인이십니더"라고 대답했다. 그녀는 "우선 양복 상의는 벗는게 좋겠는데요!"이라고 말했다. "선샘예! 지는 요 춤을 한 번도 추지 못한 문외한(門外漢)입니더. 아이고! 우짜면 좋노!"라고 말하며 싱긋이 웃으며 그녀를 향해 하얀 치아를 드러내었다. 울긋불긋한 붉은색 치파오를 준비한 그녀는 훤칠한 키에 눈이 부시도록 아름다웠다. "자! 천천히 저를 따라 눈빛을 맞추세요!"이라고 하는 그녀는 마치 인어아가씨 같았다. 드디어 스텐바이가 시작되었다. 서울대감은 치파오를 입고 의자에 앉은 가애 선생을 중앙무대로 가이드하는 연출을 했다. 그녀는 구슬같은 눈망울을 깜빡거리고 오케이 싸인을 했다. 마침내 6분 52초짜리 한 편의 드라마를 촬영했다.

'나그네 설움'을 중국어 버전으로 부른 펑치치이미엔미엔(風凄凄意綿綿)이란 이 노래는 한국인들의 정서속에서 서정적이고 애절한 흥(興)과 한(恨)이 병행한다는 것을 이 음악과 춤을 추면서 알게 되었다. 음악의 다이나믹스가 많은 사람들이 공감한다는 진리도 깨달았다. 부족하고 흠결(欠缺)이 많은 서울대감이 당대의 최고 미목수려(

眉目秀麗)한 댄스퀸을 만나 행복하게 되었음을 또한 고백한다. 경쾌한 노래와 우아한 춤은 사람의 우울하고 고독한 몸쓸병을 치료한다는 생각을 정리하게 되었다. 화려하고 수려한 치파오복장으로 어려운 춤을 서울대감과 함께 춰준 가애 선생께도 고맙게 생각한다. 산자수려(山紫水麗)한 곳에 자리한 전주토마토댄스학원의 무궁한 발전을 위해 잠시 기도했다. 무모한 용기 아닌 용기를 낸 서울대감에게도 존경과 감사를 표한다. 도저히 할 수 없는 이 어려운 무도회(舞蹈會)를 진두지휘하신 성령님에게도 모든 영광을 올린다. 불완전한 춤솜씨와 서툰 무도자세(舞蹈姿勢)를 끝까지 성원해주신 모든 유튜브 구독자들께 영광을 함께 돌린다.

'서울대감의 경가만무(輕歌曼舞)'는 유튜브 동영상 구독자가 무려 일주일 만에 15,000 회수가 넘어버렸다. 서울대감의 무모한 도전이 성공을 거두었다. 춤을 한 번도 접하지 못한 서울대감은 세계적인 무희(舞姬)와 춤의 임 밸런스(imbalance)를 밸런스(balance)화했다. 춤은 상대방이 잘 추든지 못 추든지 간에 자신감을 북돋아 주는 배려심이 정말 중요하다. 그것이 매력이고 아름다운 것이다. 상대방에게 잘 맞추어 멋진 작품을 만들어주는 탁월한 춤 맵시가 가애 선생에게는 분명히 있었다. 한국인은 기본적으로 끼와 흥(興)과 한(恨)의 정서를 가지고 태어났다. 가애 선생은 치파오가 너무 잘 어울리는 홍콩 아가씨와 똑같았다. 무도회(舞蹈會)는 고향을 떠난 나그네의 아련한 그리움과 설움이 녹아져 내리는 음악과 춤이었다. 비록 춤은 배우지 않았지만 자연스럽게 포즈가 서울대감에게도 나왔다. 음악의 선율에 몸을 타고 홍콩 아가씨와 풍류를 즐길 줄 아는 서울대감은 진정한 멋쟁이었다.

동영상 촬영을 마친 가애 선생은 촬영기사인 명웅에게 "서울대감님 모시고요! 약국 앞에서 택시를 잡아 놓고 계쇼!"라고 고요하고 애절한 표현으로 말했다. 옷을 갈아입은 가애 선생은 택시 뒷좌석에 나와 동석(同席)했다. 서울대감은 그녀가 늘씬한 두 다리를 그의 무릎 옆에 살짝 걸쳐 놓아서 가슴이 잠시 두근거렸다. 앞 좌석에 앉은 명웅은 "아! 잔돈을 안가져 나왔네요!"이라고 빙긋이 웃으며 서울대감을 향해 애걸하는 모습으로 뒤돌아봤다. 서울대감은 재빨리 "걱정하지 마이소. 지가 계산하겠습니더"라고 말하며 그를 안심시켰다. 택시는 5분 후에 한옥마을에 도착하였다. 서울대감은 "야 아! 지가요 전주에 62년 만에 첨 와봤다아입니꺼"라고 그들에게 기염(氣焰)을 토해냈다. 가애 선생과 명웅 기사는 파안대소(破顔大笑)했다. 도로에는 외국인들이 즐비하게 환담하며 행락(行樂)하고 다녔다. 우리 세 명은 한옥마을 식당에 들어갔다. 갈비와 생선 등 산해진미(山海珍味)가 서로 뽐내기라도 하듯이 화려하게 식탁이 장식되어 있었다. 가애 선생은 갈치 한 토막과 최소량의 식사를 했다. 식탐(食貪)이 많은 서울대감은 잘 찢어지지 않는 갈비를 먹다가 그만 식사를 스톱했다. "아! 가애 선생의 유연한 몸매와 날씬한 체격은 바로 미니식단에 있는거 아이가?"라고 하며, 서울대감은 곧바로 회개(悔改)했다. 식사 후 우리는 조금 걸어서 근처 커피숍 2층으로 향했다. 촬영기사 명웅이 커피 3잔을 들고 올라가려고 했다. 서울대감은 뺏듯이 "지가 들고 가끼요!"라고 했더니, 그는 겸연쩍게 얇은 미소로 화답했다.

　2층에서 커피를 마시는 중에 중년 남녀가 들어왔다. "언니! 어서 오랑게"라고 가애 선생이 손짓을 했다. 전주 출신의 남자가 "거시기! 선생님은 대통령 누구를 지지하요?"라고 나에게 질문했다. 서울대감은 "지는 요 현대정치사를 전공한 정치학자입니더. 그런거 함부로 말 못합니더"라고 기분이 상하여 그를 노려보았다. 가애 선생 왈 "거시기! 정말 정치 얘기 하지 말랑게!"라고 전주 남자를 향해 매몰차게 쏘아 붙였다. 이어서 그녀는 서울대감에게는 스마트한 눈치를 보냈다. 서울대감은 정말 가애 선생에게 고마움을 느꼈다. 가애 선생은 서울대감에게 "방금 핸드폰으로 사진을 보냈당게요!"라고 옆눈을 깜박거리면서 살짝 말했다. 사진을 확인해보니 서울대감과 전주여우가 찍은 모습이 너무 멋진 앙상블(ensemble)이었다. 서울대감은 기분이 상쾌하고 호흡이 시원했다. 손목시계를 뚫어지게 본 서울대감은 "선샘예! 이제 열차 시간이 다 되어가는데예!"라고 나긋나긋한 목소리로 조아렸다. 그녀는 "아직 멀었당게…"라고 하며 서울대감을 향해 쌩긋 웃었다.

시간이 흐른 후, 우리 다섯 명은 커피숍을 나와서 담소하는 중에 가애 선생은 "오늘 수고 많이 했어라우"라고 하며 서울대감을 향해 포옹했다. 서울대감은 기분이 묘했다. 그는 곧이어 전주역에서 서울행 KTX 열차안으로 단숨에 올라탔다. 열차는 속도를 내는데 밖에는 가을비가 우산없는 농부를 향해 사정없이 뿌렸다.

이윽고 서울대감은 서울역에 내려서 가애 선생에게 전화했다. "오늘 서울대감에게 전주여우께서 한 춤을 가르쳐 주시느라 고생했십니더"라고 말했다. 전주여우 왈, "보내준 동영상 보고 열심히 배우랑게요!"라고 말하며 흐느꼈다. 서울대감은 전주여우에게 감사하는 마음을 지금도 갖고 있다.

舞踊を学ばなかったソウル大監の一舞

　昨秋 ある日曜日の朝 全州行きの列車に乗った. ソウル大監としては無謀な挑戦だった. 韓国で最も独歩的な舞姫であるカエ先生に会うためだ. カエ先生はニックネームが'全州孤'という. KTX列車は1時間50分で全州駅に到着した. 到着する5分前にカカオトークで連絡が来た."お着きになりましたか?"という内容だ. "まだできていません!"と答えた.
　ソウル大監は全州駅からタクシーに乗って"平和洞漢陽病院前まで加入しましょう!"とタクシー運転手に話した. タクシーの運転手はぽっちゃりした体質に少し表情がこわばっていた. "はい. わかりました!"と言った. タクシーは約20分で目的地に到着した. タクシーが到着した後 電話があった. カエ先生だった."上を向いてください!"彼女は丹脣皓齒の美しい女性だった. 考えてみると2週間前に電話の内容が思い浮かぶ. "カエ先生ですか?"と言ったら "はい. 私がカエです!"と答えた. 声は軽快でカリスマが少しあるダイナミクスな声だった. 続いてカエ先生曰く, "服装は! スーツに蝶ネクタイがきれいです!"と語った. ソウル大監は"畏まりました!"と答えた. 続いてソウル大監は"歌は僕が選んでもいいですよ?"と全羅道の方言で質問した. "は. は. はい. そうしてください!"と答えた. ソウル大監は"歌は中国語バージョ

ンです. ポンチチ・イ・ミ・エン・ミ・エン(風凄凄意綿綿)です. 僕が退屈な時によく歌う歌です" と言ったら彼女は息もしなかった. この歌は'旅人の悲しみ'のメロディーに中国語の歌詞をつけて歌った歌だ.

還記得那年離別時 忍住我滿框淚珠
雨濛濛冷風凄凄 顯得更凄迷
山盟海誓濃情蜜意 爲何你都已忘記
留給我創痛回憶 平添我孤寂

還記得往日䛈如蜜 如今我痛失無依
你說過此情不移 難道你忘記
雖然你是忘情負義 我仍然永遠愛你
整日里我所想念 還是你一個你

　　1番から2番まで中国語で歌を歌ってくれた. カエ先生は感動したのか拍手を沸かせた. "あらあ 本当にお上手ですね!"とけたたましく言った. 続けて彼女は"国際的感覚が優れていますね!"と述べた. まもなくカカオトークで動画を送ってきた. "ジーターバックですねか? ジーターバックを習いましたか?"と言った. ソウル大監は急にぼうっとし始めた "先生! 一度助けてください?"と果敢に言った. "へへ. はい. はい. 分かりました!"と優しく甘美な声で答えた. "先生! その日のお昼は私がおごります"と言ったら彼女はとても喜んだ. ソウル大監は果たしてこの女性と輕歌曼舞を楽しむことができるだろうか? ソウル大監は東に向かって聖霊様に切実に祈った.
　　その日は10月10日だ. 台湾と中国では双十節だ. 屋上建物に位置した'

'全州トマトダンス学院'という看板が力強くソウル大監に向かって打ち上げた．出入り口を開けた瞬間彼女はソウル大監に向かって"どうしてこんなにハンサムなんですか?"と言ったので彼は突然慌てた."先生はところですごい世界的美人です"と答えた．彼女は"まずスーツの上着は脱いだほうがいいですね!"と述べた."先生! 私はダンスを一度も踊ったことのない門外漢です．ああ! どうしたらいいんだ!"と言いながらにっこり笑って彼女に向かって白い歯を見せた．色とりどりの赤色のチーパオを用意した彼女はすらりとした背丈にまぶしく美しかった．"さぁ! ゆっくり僕について目を合わせてください!"という彼女はまるで人魚姫のようだった．いよいよスタンバイが始まった．ソウル大監はチーパオを着て椅子に座ったカエ先生を中央舞台にガイドする演出をした．彼女は玉のような瞳をぱちぱちさせてOKサインをした．ついに6分52秒の一本のドラマを撮影した．

　'旅人の悲しみ'を中国語バージョンで歌ったポンチイミエンミエン(風凄凄意綿綿)というこの歌は韓国人の情緒の中で叙情的で哀切な興と恨が並行するということをこの音楽と踊りを踊りながら知ることになった．音楽のダイナミクスが多くの人々が共感するという真理にも気づいた．不足で傷みの多いソウル大監が当代の最高の眉目秀麗なダンスクイーンに出会って幸せになったことをまた告白する．軽快な歌と優雅な踊りは人の憂鬱で孤独な体を治すという考えを整理するようになった．華やかで秀麗なチーパオ服装で難しい踊りをソウル大監と一緒に踊ってくれたカエ先生にも感謝する．山紫水麗の場所に位置する全州トマトダンス学院の発展のためしばらく祈った．無謀な勇気ではない勇気を出したソウル大監にも尊敬と感謝を表わす．到底できないこの難しい舞踊会を陣頭指揮された聖霊様にもすべての栄光を捧げる．不完全なダンスの腕前と下手な舞踊姿勢を最後まで声援してくれたすべてのユーチューブ購読者に栄光を共に捧げる．

　'ソウル大監の輕歌曼舞'はユーチューブ動画購読者が何と一週間で15,000回を超えてしまった．ソウル大監の無謀な挑戦が成功を収めた．ダ

ンスに一度も接したことのないソウル大監は世界的な踊り子とダンスのイムバランス（imbalance）をバランス（balance）化した．ダンスは相手が上手でも下手でも自信をつけてくれる配慮心が本当に重要だ．それが魅力であり美しいものだ．相手によく合わせて素敵な作品を作ってくれる卓越したダンススタイルがガエ先生には確かにあった．韓国人は基本的に才能と興と恨の情緒を持って生まれた．カエ先生はチーパオがとてもよく似合う香港のお嬢さんと同じだった．舞踏会は故郷を離れた旅人のかすかな懐かしさと悲しみが溶け落ちる音楽と踊りだった．ダンスは習わなかったが自然にポーズがソウル大監にも出た．音楽の旋律に乗って香港のお嬢さんと風流を楽しむことができるソウル大監は真のお洒落だった．

　動画撮影を終えたカエ先生は撮影技師のミョンウンに"ソウル大監をお迎えして! 薬局の前でタクシーを止めておいてください!"と静かで切ない表現で話した．着替えたカエ先生はタクシーの後部座席に私と同席した．ソウル大監は彼女がすらりとした両足を彼の膝の横にそっとかけておいて胸がしばらくどきどきした．前の座席に座ったミョンウンは"あ! 小銭を持って来なかったですね!"とにっこり笑いながらソウル大監に向かって哀願する姿で振り返った．ソウル大監は素早く"心配しないでください．私が払います"と言って彼を安心させた．タクシーは5分後に韓屋村に到着した．ソウル大監は"おい! 僕が全州に62年ぶりに初めて来ました"と彼らに気炎を吐いた．カエ先生とミョンウン騎士は破顔大笑した．道路には外国人が並んで歓談しながら行楽をしていた．私たち3人は韓屋村の食堂に入った．カルビと魚など山海の珍味がお互いに自慢するように華やかに食卓が飾られていた．カエ先生は太刀魚一切れと最小量の食事をした．食い意地の多いソウル大監はなかなか破れないカルビを食べていたがつい食事をストップした．"あ! カエ先生のしなやかな体つきとすらりとした体格はまさにミニ食單にあるの?"と言い，ソウル大監は直ちに悔い改めた．食事の後私たちは少し歩いて近くのコーヒーショップの2階に向かった．撮影技師のミョンウンがコ

ーヒー3杯を持って上がろうとした．ソウル大監は奪うように"私が持って行きます!"と言ったら, 彼は照れくさそうに薄い微笑で応えた．

　2階でコーヒーを飲む時に中年の男女が入ってきた．"お姉さん! いらっしゃい!"とカエ先生が手招きした．全州出身の男が"あれっ! 先生は大統領は誰を支持しますか?"と私に質問した． ソウル大監は"私は現代政治史を専攻した政治学者です．そういうことはむやみに言えません"と気分を害して彼をにらんだ．カエ先生曰く"あれっ! 本当に政治の話はするなって!"と全州の男に向かって冷たく言い放った． 続いて彼女はソウル大監にはスマートな顔色を見せた．ソウル大監は本当にカエ先生に感謝の気持ちを感じた．カエ先生はソウル大監に"さっき携帯に写真を送りました!"と横目をぱちぱちさせながらそっと言った．写真を確認してみるとソウル大監と全州狐が撮った姿がとても素敵なアンサンブル(ensemble)だった．ソウル大監は気分がすっきりして呼吸がすっきりした．腕時計をじっと見たソウル大監は"先生! もう列車の時間になりましたが!"と優しい声で話した．彼女は"まだ時間が残ってる..."と言ってソウル大監に向かってにっこり笑った．

　時間が経った後, 私たち5人はコーヒーショップを出て談笑する中でガエ先生は"今日はお疲れ様でした"と言ってソウル大監に向かって抱擁した．ソウル大監は妙な気分だった． 彼はまもなく全州駅からソウル行きKTX列車の中に一気に乗り込んだ．列車は速度を出すのに外には秋雨が傘のない農夫に向かって容赦なく撒いた．

　やがてソウル大監はソウル駅で降りてカエ先生に電話した．"今日ソウル大監に全州狐が一つの踊りを教えてくださるのに苦労しました"と話した．全州狐曰く, "送ってくださった動画を見て一生懸命に学んでください!"と言って泣いた．ソウル大監は全州狐に感謝する気持ちを今も持っている．

여행자가 부른 엔카(演歌)

여행은 갈 때마다 즐거움이 가득했다. 이어서 설레임도 있다. 혼자 훌쩍 떠나는 여행은 이젠 나에게는 익숙했다. 누군가와 함께 여행을 가는 것도 좋지만, 혼자 가는 여행도 결코 나쁘지 않았다. 지난 서너 너덧 해 전에 2박 3일 일정으로 일본 규슈(九州)에 갔었다.

공항버스 안에는 여행객들의 언어가 벌써 달랐다. 영어, 중국어 등 요란한 언어가 왁자지껄했다. 버스 안의 분위기는 타국에 온 느낌이 들었다. 이왕이면 기분 좋은 여행이 되기를 성령(聖靈)께 간절히 기도했다. 여타 생각은 안하고 싶었다.

드디어 후쿠오카(福岡) 공항에 도착해서 일본인 공항 직원이 느닷없이 일행을 향해 '새치기'라는 말을 했다. 이내 모두 깜짝 놀라서 한국의 새치기 문화에 익숙함을 부끄러워했다. 한국에서 하던 습관이 그들에게는 문화의 충격으로 나타났다. 잠시 벤치에 앉아서 골똘한 생각을 했다. 갑자기 비행기에서 하늘을 본 기어이 떠올랐다.

비행기는 고도가 높아졌을 때 구름이 솜사탕같이 보였다. 후쿠오카 공항이 가까워졌을 때 비행기 아래로 본 섬들이 한 폭의 수채화같이 아름답게 보였다. "아! 이래서 여행을 가는구나!"라는 생각을 문득

했다. 정말 일본에 잘 왔다고 생각했다. 앞으로 1년에 한두 번 정도는 여행을 다니려고 마음을 먹었다.

잠깐 생각해보니 에비앙 생수병을 ⅔ 정도 마시고 후쿠오카 공항에 두고 나왔다. 아깝지만 어쩌랴! 이 순간까지 해외여행은 처음이라 너무 긴장한 탓인가. 문제는 어깨에 메는 가방 속에 선크림을 넣어서 화물칸으로 부치는 바람에 영수증을 찾으려고 수고를 했다. 하지만 입고 있던 조끼 주머니를 열심히 뒤졌다. 나중에 그 가방에서 찾았다. 호텔에서 여장을 풀고 회사 직원들에게 나눠줄 선물을 사러 인근 마트로 나갔다. 봉지라면과 컵라면, 담배 등을 샀다. 최대한 저렴한 가격으로 샀다. 마트 직원이 거스름돈과 영수증을 정확하게 주는 모습을 보고 감탄했다.

호텔 방에는 영화에서 볼 수 있듯이 좁고 깊은 정사각형 모양의 욕조가 있었다. 반신욕을 했더니 피로가 풀렸다. 벳부(別府) 온천으로 가는 중에 비가 간간이 내렸다. 가이드가 일본 신칸센(新幹線)에 대해 기술 자랑을 할 때는 현기증이 났다. 그는 물론 신칸센이 세계 최고의 열차라고 열변을 토했다. 또 그는 일본 유학을 해서 친일적인 사상을 가졌다고 가만히 생각해봤다. 일본문화 중에 공중도덕을 강조했는데 흡연을 잘못하면 벌금 10만 엔을 낸다고 말했다.

거리에는 코딱지만한 경차들이 지나가고 있었다. 일본은 산지가 약 80% 정도 된다. 산 자체가 악산(惡山)이다. 개울가 옆에는 조그마한 단독주택이 드문드문 한두 채 또는 네다섯 채씩 자리 잡고 있었다. 도로변에는 유독 조그마한 단독주택들이 많이 있었다. 가끔 폐가(廢家)도 보였다.

일본에 와 보니 이곳에서 살고 싶었다. 사람들이 친절하고 예의가 바르고 한국보다 앞선 선진국이라는 느낌이 들었다. 화장실에는 지저분한 비누가 없었다. 식당에서는 식사 시간을 1분 1초도 어기지 않고 정확하게 식사를 개시하게 했다. 한국에서는 조금 일찍 식사를 개시하는 것이 용인되어 편법과 불법이 판을 친다. 일본은 정도(正度)로 질서를 지켰다. 일본의 저력은 공동체 의식이 어느 국가보다 강하다는 느낌을 받았다. 일본이 다 좋을 수는 없다. 여행객들이 머문 후쿠오카의 1박은 내 생애(生涯)에서 최고로 잊지 못할 추억이 되었다.

지난날 국립한국방송통신대학교에서 공부할 때 미소라 히바리(美空 ひばり)가 불렀던 '가와노나가레노요우니(川の流れのように)'란 노래를 열심히 불렀던 기억이 났다. 그때 일본인에게 찬사를 받으며 매실 사탕이 든 큰 선물을 받은 기억이 났다. 한국어로 번역하면 '강물이 흘러가듯이'란 뜻으로 번역이 된다. 학부에서 일본학을 전공했지만 졸업한 지 십수년(十數年)이 지나서 일본어를 많이 잊어버렸다. 그리고 단어도 곧잘 생각이 나지 않았다. 여행 당시 현지인과 말을 하고 싶어도 단어와 문장이 선뜻 생각이 나지 않았다. 결국 대화가 잘되지 않았다. 외국어는 자주 사용해야 된다는 걸 이때 알았다.

거리에 전봇대와 전봇대로 연결된 송전선은 마치 실거머리처럼 지저분하게 보였다. 그 당시 풍경은 한국보다 못했다. 이곳은 잦은 지진으로 지하에 송전선을 묻지 않았는지는 모르겠다.

어느새 30분이 지나서 한 승려가 30여 년간 바위를 깎았다고 하는 바위산 굴을 지나왔다. 이 굴을 보니 정말 일본인의 끈기에 탄복(歎服)하게 되었다. 한국에서 자주 쓰는 '노가다'라는 말의 어원은 '도가다(土方)'가 정상적인 말이다. '아끼바리'라는 말도 아끼바레(秋晴れ)가 정확한 표현이다. 한국인들은 성질이 매우 급하다. 일본인들은 섞은 것을 싫어한다. 일본의 산들은 급경사 지대로 빽빽이 우거져서 산속에 들어갈 수가 없었다.

일본의 매장문화는 왕만 매장 할 수 있다. 일본의 관광산업은 온천과 원숭이산이 으뜸을 이룬다. 원숭이산은 한국에서 수학여행이나 해양소년단이 자주 다녀가곤 한다. 이어서 유황 관련 상품은 특산물이 주를 이룬다. 가고시마(鹿兒島)에서는 고구마가 특산물로 유명하다.

벳부(別府) 온천에 도착할 무렵 비가 그치기 시작했다.

　도로변 산 밑에 대나무가 콩나물처럼 촘촘히 심겨져 있는 것을 보았다. 도서국(島嶼國)인 일본은 비가 자주 내리고 안개가 심하게 나타났다. 버스를 타고 가는 길에 짙은 안개로 앞이 잘 보이지 않았다. 때로는 비바람이 세차게 불기도 했다. 일본의 자동판매기를 이용한 바 커피 가격이 100엔(円)이었다. 커피양도 많고 숭늉 맛처럼 순하고 마실수록 마음이 상쾌했다. 순간적으로 느낀 점은 세계에서 커피 가격이 가장 비싼 국가가 한국이었음을 알았다.

　벳부(別府) 온천에서 온천물에 두 발을 담그고 있으니 이 세상이 다 내 것으로 보였다. 버스에 올라 잠시 명상에 잠기기도 하였다. 하염없이 내리는 비는 그칠 줄 모르고 굵은 장대비가 버스 창문을 때렸다. 5월의 향기로운 계절이 어디로 사라졌는지 모르겠다. 우산을 쓰고 가방을 메는 관광은 색다른 맛이 나지만 어깨가 너무 아프게 느껴졌다. 벳부에서는 일본 정식으로 식사를 했다. 식사 시간이 끝날 무렵에 가이드가 다가와서 일본 노래 한 곡을 신청했다. 다들 박수를 쳤다. 내가 기립하면서 거침없이 대학에서 배운 미소라 히바리(美空ひばり)의 노래인 '진세이치로(人生一路)'란 노래를 불렀다. 우리 말로 번역하면 '인생 외길'이다. 이 노래의 가사는 목가적(牧歌的)이고 서정적(抒情的)이며 멜로디도 경쾌하고 다이내믹스(Dynamics)하다.

　　이치도 키메타라 니도토와 카에누(一度決めたら 二度とは変えぬ)
　　코레가 지분노 이키루미치(これが自分の 生きる道)
　　나쿠나 마요우나 쿠루시미 누이테(泣くな迷うな 苦しみ抜いて)
　　히토와 노조미오 하타스노사(人は望みを はたすのさ)

　　한번 정했다면 두 번 다시는 바꾸지 않는

이것이 내가 살아가는 길
울지마 헤매지마 고통을 이겨내고
사람은 소망을 이루는거야

유키노 후카사니 우모레테 타에테(雪の深さに埋もれて耐えて)
무기와 메오 다스 하루오 마츠(麦は芽を出す春を待つ)
이키루 시렌니 미오 사라스토모(生きる試練に身をさらすとも)
이지오 츠라누쿠 히토니나레(意地をつらぬく人になれ)

깊이 쌓은 눈에 묻히고 견디며
보리는 싹이 틀 봄을 기다려
삶의 시련에 몸이 쇠하더라도
의지를 관철하는 사람이 되기를

무네니 콘죠-노 호노오오 다이테(胸に根性の炎を抱いて)
키메타 코노미치 맛시구라(決めたこの道まっしぐら)
아스니 카케요- 진세- 이치로(明日にかけよう人生一路)
하나와 쿠로-노 카제니 사케(花は苦労の風に咲け)

가슴에 근성의 불꽃을 안고
결정한 이 길을 정직하게
내일을 걸자 인생은 외길
꽃은 고생의 바람에 피어라

이 아름다운 노래 시에 한 소절을 더한다면 "인생이 여행이라면 마지막 종착지는 자연이다"라고 말하고 싶었다. 이 노래를 3절까지 불

렀더니 식당에 있는 모든 여행객들이 기립박수를 쳤다. 기쁨이 충만하고 하늘로 승천하는 기분이었다. 어떤 여성은 "아리가또 고자이마스(有り難う御座います)"라고 말하며 다가와 정중하게 인사를 했다. 곧이어 그녀는 일본 모찌(餅) 한 상자를 선물로 주었다. 나는 이 노래 가사가 너무 좋아서 지금까지도 잊지 않고 기분이 좋을 때마다 흥얼거리고 부르곤 한다. 고운 노래 시와 신나는 멜로디의 노래는 병을 치료하고 희망의 꽃을 피우며 즐거운 인생을 살게 한다.

일본의 관광버스 안에는 TV가 없다. 운전석에서 뒷좌석까지 일직선과 수평선으로 고르게 좌석이 배치되었다. 타는 승객으로서는 편안함을 느꼈다. 한국 버스는 뒷좌석이 높게 만들어져 있어서 상당히 불편함을 느낀 적이 있었다. 이런 점은 한국인이 배웠으면 한다.

도착지인 긴린코(金鱗湖) 호수에서 잔잔한 물결을 보며 건너편에 있는 정자가 일행을 향하여 오라는 손짓으로 보였다. 폭우와 함께 비바람이 세차서 우산을 들고 사진을 찍는 것도 불편했다. 이곳에는 중국인들이 단체 관광으로 많이 왔다. 한국인이나 중국인들 속에서 혼자 다니는 게 조금은 바보 같은 느낌이 들었다. 상가 거리에 다니는 것이 도로가 좁아서 우산을 쓴 행인들과 부딪혀서 불편했다. 버스 안에서 일기를 쓰면서 앉아 있는 게 더 편했다. 카페에 들러 350엔(円)으로 바닐라 아이스크림을 사서 먹었다. 동전은 있는 대로 몽땅 사용했다. 가이드의 설명에서 일본은 땅에 열이 많아서 지열발전소도 여러 곳에 있다고 말했다.

다시 버스는 오이타현(大分縣)에 있는 코코노에 유유테이(九重悠々亭) 호텔에 도착했다. 이 호텔의 마스코트인 '엔젤'이라는 명견(名犬)과 함께 현관에서 사진을 찍었다. 이 개는 TV에 출연하는 배우견(俳優犬)이었다. 사진을 두 번째 찍을 때는 앞발을 구부리고 배를 깔고 고개를 숙였다. 먹이를 줘도 안 일어났다. 엔젤은 은근히 심술을 부렸다. 엔젤은 팁을 요구한 것이 아닌가 싶었다. 곧이어 유카타(浴衣)

라는 일본 전통 옷으로 갈아입고 온천탕에서 피로를 풀었다. 숙소에 오니 창문 밖에서 강한 비바람에 호텔 부근의 나무가 부러질 것 같았다. 숙소에 있으니 갑자기 긴장되었다. 나는 일본 음식이 너무 잘 맞는 것 같았다. 소화도 잘되고 금방 배가 고파졌다. 위장(胃腸)도 편안하고 체질적으로 음식궁합이 잘 맞는 것 같았다.

여행 마지막 날에 코코노에 유유테이 호텔을 떠나 일본의 베니스라고 하는 야나가와(柳川) 뱃놀이를 하러 갔다. 버스 운전사인 야마시타 카즈시(山下和志)는 나에게 미소를 지으며 엔카(演歌)를 너무 잘 부른다고 칭찬을 했다. 그 답례로 일본 지도와 초코렛을 선물로 주었다. 그에게 나이를 묻지 않았다. 일본인에게 나이를 묻는 것은 실례이며, 특히 여성들에게는 큰 충격을 받는다고 들었다. 야나가와 뱃놀이에서 팔순(八旬)쯤으로 보이는 뱃사공이 배를 저으며 구슬프고 정겨운 야나가와 민요를 불렀다. 곧이어 한국 노래인 '돌아와요 부산항' 외 여러 곡을 부를 때 슬픈 감정이 들어 눈물이 나왔다. 그는 교각을 지날 때는 일행을 향해 '수구리(숙이다)'라는 말을 해서 모두가 박장대소(拍掌大笑)했다. 그 노익장(老益壯)의 서투른 한국어에 우리는 잠시라도 즐거웠고 행복했다. 또한 30년 전 일본의 모습을 그대로 이어져 내려오는 전통성에 다시 한번 놀랐다.

다자이후텐만구(太宰府天満宮) 신사에 들러 소의 동상 앞에서 사진을 찍었다. 연달아 가이드의 말을 경청했다. 이곳은 백제 왕인 박사의 후손이 '학문의 神'이라고 하여 매일 수많은 관광객이 몰려온다고 안내했다. 다자이후(太宰府) 신사에서는 2엔(円)을 헌금함에 넣고 무탈하도록 기도했다. 나는 성령세례를 사모하는 사람으로서 일종의 우상숭배였다.

김치도 나오고 전형적인 한식으로 식사를 한 후 후쿠오카 케널시티 쇼핑센터에서 잠시 둘러본 후 인천공항으로 이륙하는 비행기에 탑승했다. 비행기 안에서 내려다본 후쿠오카현 부근의 바다 전경은 한 폭의 그림같이 아름다웠다. 산 위에 서 있는 전기 철탑은 작은 허수아비를 세워놓은 것 같았다. 하늘의 모습은 얇은 구름이 솜털같이 날아오른 듯 너무나도 신기했다.

 생애 최초의 일본 여행에서 엔카(演歌)를 불러서 모든 여행객들에게 심금을 울린 것은 '노래가 주는 행복감'이라고 생각했다. 공항을 나오면서 늘 생각하는 고민이 하나 있었다. 그것은 한국인의 불친절한 국민성에 대해 일본인의 친절한 '기본적 예절성(basic courteous)'을 배웠으면 한다.

旅行者が歌った演歌

　旅行は行くたびに楽しみがいっぱいだった. 続いてときめきもある. 一人でふらりと出かける旅はもう私には慣れていた. 誰かと一緒に旅行に行くのもいいが一人で行く旅行も決して悪くなかった. この3,4日前に2泊3日の日程で九州に行った.
　空港バスの中には旅行客の言葉がすでに違っていた. 英語, 中国語など騒々しい言語がにぎやかだった. バスの中の雰囲気は他国に来た感じがした. どうせなら気持ちの良い旅行になることを聖霊に切実に祈った. 他のことは考えたくなかった.
　ついに福岡空港に到着し日本人空港職員が突然一行に向かって'割り込み'と言った. すぐに皆びっくりして韓国の割り込み文化に慣れを恥じた. 韓国でしていた習慣が彼らには文化の衝撃として現れた. しばらくベンチに座って考え込んだ. 急に飛行機から空を見た記憶が浮かんだ.
　飛行機は高度が高くなったとき雲が綿菓子のように見えた. 福岡空港が近づいた時飛行機の下から見た島々が一幅の水彩画のように美しく見えた. "あ! だから旅行に行くんだ!"とふと思った. 本当に日本に来てよかったと思った. これから1年に1,2回ぐらいは旅行に行こうと決心した.

ちょっと考えてみたらエビアンのミネラルウォーターのボトルを⅔くらい飲んで福岡空港に置いてきた. もったいないけどどうしよう! この瞬間まで海外旅行は初めてなので緊張しすぎたせいか.　問題は肩に担ぐカバンの中に日焼け止めを入れて貨物室に送ったため領収書を探すのに苦労した. しかし着ていたベストのポケットを熱心に探した. 後でそのかばんから見つけた. ホテルで旅装を解き会社の職員らに配るプレゼントを買いに近くのスーパーに向かった.　インスタントラーメンとカップラーメンタバコなどを買った. 極力安い値段で買った. マートの職員がお釣りと領収書を正確に渡す姿を見て感嘆した.

ホテルの部屋にはバスタブ機が映画で見られるように狭くて深い正方形の形をしていた. 半身浴をしたら疲れが取れた. 別府温泉に行く途中で雨がちらほら降った. ガイドが日本の新幹線について技術自慢をしたときはめまいがした. 彼はもちろん新幹線が世界最高の列車だと熱弁した. また彼は日本留学をして親日的な思想を持ったと考えてみた. 日本文化の中で公衆道徳を強調したが喫煙を間違えれば罰金10万円を払うと話した.

通りには小さな軽自動車が通り過ぎていた.　日本は産地が約80%ほどになる. 山そのものが岳山だ. 小川のそばには小さな一戸建てがまばらに1,2軒または4,5軒ずつ位置していた.　道路沿いには特に小さな一戸建て住宅がたくさんあった. たまに廃家も見えた.

日本に来てみたらここに住みたかった. 人々が親切で礼儀正しく韓国より先進国という感じがした. トイレには汚い石鹸がなかった. 食堂では食事時間を1分1秒も違反せず正確に食事を開始させた.　韓国では少し早めに食事を開始することが容認され便法と違法が横行している. 日本は正道で秩序を守った.　日本の底力は共同体意識がどの国よりも強いという感じを受けた. 日本がすべて良いわけではない. 旅行者が泊まった福岡の一泊は私の生涯で最高の忘れられない思い出となった.

先日国立韓国放送通信大学校で勉強していた時美空ひばりが歌った'川

の流れのように'という歌を一生懸命歌ったのを思い出した．その時日本人に賛辞を受け梅飴が入った大きなプレゼントをもらったことを思い出した．韓国語に翻訳すると'川の水が流れるように'という意味に翻訳される．学部で日本学を専攻したが卒業して十数年が経って日本語をたくさん忘れてしまった．そして単語もよく思い出せなかった．旅行当時現地人と話したくても単語と文章が気に入らなかった．結局対話がうまくいかなかった．外国語はよく使わなければならないということをこの時知った．

　街に電柱と電柱でつながっている送電線はまるでヒルのように汚く見えた．当時の風景は韓国より劣っていた．ここは頻繁な地震で地下に送電線を埋めなかったかどうかは分からない．

　いつの間にか30分が過ぎてある僧侶が約30年間岩を削ったという岩山の洞窟を通ってきた．この洞窟を見ると本当に日本人の根気に感心するようになった．韓国でよく使われる'ノガダ'という言葉の語源は'トガダ'が正常な言葉だ．'あきばり'という言葉も'あきばれ'が正確な表現だ．韓国人は性質が非常にせっかちだ．日本人は混ぜるのが嫌いだ．日本の山々は急傾斜地帯でびっしりと茂って山の中に入ることができなかった．

　日本の埋蔵文化は王だけが埋蔵できる．日本の観光産業は温泉と猿山が一番だ．猿山は韓国から修学旅行や海洋少年団がよく訪れたりする．続いて硫黄関連商品は特産物が主を成す．鹿児島ではサツマイモが特産物として有名．別府温泉に着いたころ雨が止み始めた．

　道路沿いの山の下に竹が豆もやしのようにぎっしりと植えられているのを見た．島嶼国の日本は雨が頻繁に降り霧がひどくなった．バスに乗って行く途中濃い霧で前がよく見えなかった．時には風雨が激しく吹いたりもした．日本の自動販売機を利用したところコーヒーの価格が100円だった．コーヒーの量も多くおこげ湯のようにまろやかで飲むほど心がさわやかだった．瞬間的に感じた点は世界でコーヒー価格が最も高い国が韓国だったことが分かった．

別府温泉で温泉水に両足を浸しているとこの世が全部私のものに見えた．バスに乗ってしばらく瞑想にふけったりもした．とめどもなく降る雨は止むことなく大粒の土砂降りがバスの窓を殴った．5月の芳しい季節がどこに消えたのか分からない．傘をさしてカバンを背負う観光は一味違う味がするが肩がとても痛く感じられた．別府では日本正式に食事をした．食事の時間が終わる頃にガイドが近づいてきて日本の歌一曲をリクエストした．みんな拍手をした．私が起立して思いっきり大学で学んだ美空ひばりの歌'人生一路'という歌を歌った．韓国語に訳すと'人生一筋'だ．この歌の歌詞は牧歌的で叙情的でメロディーも軽快でダイナミクスだ．

一度決めたら 二度とは変えぬ
これが自分の 生きる道
泣くな迷うな 苦しみ抜いて
人は望みを はたすのさ

雪の深さに 埋もれて耐えて
麦は芽を出す 春を待つ
生きる試練に 身をさらすとも
意地をつらぬく 人になれ

胸に根性の 炎を抱いて
決めたこの道 まっしぐら
明日にかけよう 人生一路
花は苦労の 風に咲け

この美しい歌の詩にもう一小節を加えるならば"人生が旅行ならば最後の終着地は自然だ"と言いたかった．この歌を3番まで歌ったところ食堂にいるすべての旅行客が起立拍手をした．喜びが満ち溢れ天に昇天する気分だった．ある女性は"有り難う御座います"と言って近づき丁寧に挨拶をした．まもなく彼女は一箱の日本餅をプレゼントした．私はこの歌の歌詞が大好きで気分がいいときはいつでも口ずさみながら歌っている．美しい歌詩と楽しいメロディーの歌は病気を治療し希望の花を咲かせながら楽しい人生を送ることができる．
　日本の観光バスの中にはテレビがない．運転席から後部座席まで一直線と水平線に均等に座席が配置された．乗る乗客としては安らぎを感じた．韓国のバスは後部座席が高く作られていてかなり不便を感じたことがあった．このような点は韓国人に学んでもらいたい．
　到着地の金鱗湖湖で穏やかな波を見ながら向こう側にいる亭子が一行に向かって来いという手振りに見えた．大雨とともに風雨が激しく傘を持って写真を撮るのも不便だった．ここには中国人が団体観光でたくさん来た．韓国人や中国人の中で一人で通うのが少しはバカのような感じがした．商店街の通りに通うのが道路が狭くて傘をさした通行人たちとぶつかって不便だった．バスの中で日記を書きながら座っているのがもっと楽だった．カフェに立ち寄り350円でバニラアイスクリームを買って食べた．小銭はありったけに使い果たした．ガイドの説明で日本は地熱が多く地熱発電所も数ヵ所にあると述べた．
　再びバスは大分県の九重悠々亭ホテルに到着した．このホテルのマスコット'エンジェル'という名犬と一緒に玄関で写真を撮った．この犬はテレビに出演する俳優犬だった．写真を2回目に撮る時は前足を曲げてお腹を敷いて頭を下げた．えさをあげても起きなかった．エンジェルはそれとなく意地悪をした．エンジェルはチップを要求したのではないかと思った．続いて浴衣という和服に着替え温泉で疲れを癒した．宿所に戻ると窓の外から強い

風雨にホテル付近の木が折れそうだった．宿にいると急に緊張した．私は日本の食べ物がとてもよく合うようだった．消化もよくすぐにお腹がすいてきた．胃腸も楽で体質的に食べ物の相性がよく合うようだった．
　旅行の最終日に九重悠々亭ホテルを離れ日本のベニスという柳川舟遊びに行った．バスの運転手である山下和史は私に微笑み演歌がとても上手だと褒めた．そのお返しに日本の地図とチョコレートをプレゼントした．彼に年齢を聞かなかった．日本人に年齢を聞くのは失礼で特に女性には大きな衝撃を受けると聞いた．柳川舟遊びで八旬ぐらいに見える船頭が舟を漕ぎながら物悲しく懐かしい柳川民謡を歌った．まもなく韓国の歌である'釜山港に帰れ'の他に色々な曲を歌う時に悲しい感情が入って涙が出た．彼は橋脚を通る時は一行に向かって'スグリ(うつむく)'という言葉を言って皆が大笑いした．その老益壮の下手な韓国語に私たちは少しでも楽しかったし幸せだった．また30年前の日本の姿をそのまま受け継いでくる伝統性にもう一度驚いた．
　太宰府天満宮神社に立ち寄り牛の銅像の前で写真を撮った．立て続けにガイドの話を聞いた．ここは百済王仁博士の子孫が'学問の神'と言って毎日多くの観光客が集まってくると案内した．太宰府神社では2円を献金箱に入れ無事でいられるよう祈った．聖霊洗礼者として私は偶像崇拝の一種だった．
　キムチも出て典型的な韓国料理で食事をした後福岡ケンネルシティのショッピングセンターでしばらく見て回った後仁川空港に離陸する飛行機に搭乗した．飛行機の中から見下ろした福岡県付近の海の全景は一幅の絵のように美しかった．山の上に立っている電気鉄塔は小さなかかしを立てているようだった．空の姿は薄い雲が綿毛のように舞い上がったようでとても不思議だった．
　生涯初の日本旅行で演歌を歌ってすべての旅行客に心の琴線に触れたのは'歌が与える幸福感'だと思った．空港を出る時いつも思う悩みが一つあ

った. それは韓国人の不親切な国民性について日本人の親切な'基本的礼儀性(basic courteous)'を学んでほしい.

인생의 후회막급(後悔莫及)

공자(孔子)는 "일생의 계획은 어릴 때에 있고(一生之計 在於幼), 한 해의 계획은 봄에 있고(一年之計 在於春), 하루의 계획은 새벽에 있다(一日之計 在於寅). 어려서 배우지 않으면 늙어 아는 것이 없으며(幼而不學 老無所知), 봄에 밭을 갈지 않으면 가을에 거둘 것이 없고(春若不耕 秋無所望), 새벽에 일어나지 않으면 하루의 일이 제대로 되지 않을 것이다(寅若不起 日無所辦)."라는 '삼계도(三計圖)'를 정했다. 나는 공자처럼 유능하지 못해서 나의 일생과 한 해와 하루의 계획을 제대로 세우지 못했다. 지금 이순(耳順)의 나이가 넘었는데도 아직 지혜가 부족하다. 그렇다고 좌충우돌(左衝右突)하는 건 아니지만, 돌이켜보면 나의 인생은 후회막급(後悔莫及)한 삶을 살고 있다.

갑자기 어느 날 병원에서 초음파검사, CT 촬영, MRI 검사를 했다. 2.8cm 크기의 간(肝)에서 종양(腫瘍) 1개가 발견되어 내 마음을 우울하게 만들었다. '간암(肝癌) 2기인데 초기 단계'라고 담당 의사는 진단했다. 하늘이 무너지는 것 같았다. 인간은 정신이 육체를 지배하기 때문에 정신만 차리면 모든 것은 해결된다는 것을 성령(聖靈)이 가르쳐 주었다. Y대학 병원 소화기내과(消化器內科) K의사는 나에게 말했다. "아버님은 운이 좋은거에요. 그래도 일찍 발견해서 수술하면 완쾌됩니다. 그러나 수술하고 싶어도 수술을 못하는 사람이 얼마나 많은지 아십니까?"라고 야단을 쳤다. "감사합니다"라고 답했다. 조금 긴장이 풀어졌다. 간담췌외과(肝膽膵外科) H의사는 "아버님! 한숨을 안 쉬면 안되나요? 이미 질병은 왔고, 치료에 전념하기 바랍니다."라고 또 한 번 야단을 쳤다. 나는 개복수술(開腹手術)이 무섭고 두려웠다. 직장도 걱정이 되었다. 과연 병가(病暇)가 성사될까. 안되면 '질병실업급여'를 받을 수 있을까. 여러 가지로 머리가 복잡해졌다. 간병인(看病人)도 구해야 한다.

　이번 간암(肝癌) 발견으로 나의 인생을 돌아보게 되었다. 지난날 건강관리에 소홀한 점은 큰 실책이었다. 그렇다고 큰돈을 벌어서 경제력을 크게 만들지도 못했다. 돌이켜보면 자식농사(子息農事)를 잘 지은 것도 아니다. 어느 날 혼자가 되어 도심속의 자연인(natural person)이 되어 있었다. 현실은 암담(暗澹)했다. '고독이라는 병'은 나이가 들수록 깊숙이 찾아온다. 육신의 질병보다 더 무서운 정신적인 외로움은 간암보다 더 무섭다. 육신의 질병은 좋은 의사를 만나서 수술만 잘하면 완쾌되어 행복하게 살 수 있다. 그러나 정신적인 병을 고치려면 혼자가 아니라는 자신의 형편을 남에게 드러내지 않아야 한다. 이런 점이 쉽지 않은 인생의 지혜가 아닐까.

　근래에 와서 뉴스를 볼 때마다 인명(人命)을 경시하는 풍조가 날로 더해간다. 한 번 사는 인생이 존귀하고 부명(富名)한 삶을 살도록 공력(功力)를 기울여야 한다. 야고보(יעקב)는 '내일 일을 우리가 알지 못하며 우리 인생이 무엇이냐 세상에서 잠깐 보이다가 없어지는 안개'라고 말했다. 이밀(李密)은 '사람의 목숨이 위태롭고 얕아서 아침에도 저녁 일을 생각할 수 없다(人命危淺 朝不慮夕)'라고 말했다. 문득 초겨울의 찬바람이 세차게 불면 세월과 사계절의 풍경을 나는 머릿속에 잠시 그리곤 한다. 도연명(陶淵明)의 사시(四時)를 읊어보고 긴 한숨을 내쉬면 곧이어 아름답고 부족함 없는 푸른 풀밭의 인생을 꿈꾸고 싶어진다.

봄물은 못마다 가득하고(春水滿四澤)
여름 구름은 기이한 봉우리가 많도다(夏雲多奇峯)
가을 달은 드날려 밝게 빛나고(秋月揚明輝)
겨울 산마루엔 외로운 소나무가 빼어나도다(冬嶺秀孤松)

사계절의 아름다운 풍광(風光)은 나의 삶을 감사하는 마음으로 승화시켜 온전하고 즐거운 생각을 갖게 만든다. 가끔 어린 시절로 돌아가고 싶은 마음이 돌연 생길 때가 있다. 그럴 때마다 그 어린 남아(男兒)는 빨리 어른이 되고 싶어서 세월을 재촉하지 않았을까.

철인(哲人)은 조짐(兆朕)을 알아 성실히 한다. 지사(志士)는 행동에 힘써서 하는 일을 충실히 실행한다. 세상 이치를 따르면 여유가 생긴다. 잡다한 욕심을 따르면 심신(心身)이 위태롭다. 순간이라도 능히 생각하여 전전긍긍(戰戰兢兢)하여 자신을 단속해야 한다. 습관이 본성과 이루어지면 성현(聖賢)과 함께 돌아간다. 결단을 내리면 우선순위가 조화롭게 배열된다. 답답한 가슴을 치기보다는 밖에 나와 하늘을 보면 좋은 생각이 떠오르게 된다. 그에 따라 멜로디의 선율이 뛰어난 노래를 부르게 된다.

나는 가슴이 답답하고 우울할 때 일본 가요(歌謠)인 '나니와 부시다요 진세이와(浪花節だよ人生は)'라는 노래를 신나게 열심히 부른다. 우리말로 번역하면 '인생은 나니와(인정과 의리) 가락이야'라는 뜻이다. '나니와부시(浪花節)'는 일본의 전통 음악의 장르이다. 다른 말로는 '로쿄쿠(浪曲)'라고도 말한다. 이 노래의 가사는 아주 우울하고 사랑에 실패한 여자의 인정과 의리에 대한 사연이다. 반면 멜로디는 매우 경쾌하고 시원하다. 이 노래의 멜로디를 들으면 춤이 저절로 나는 명곡 중에 명곡이다. 이 노래는 여러 가수들이 불렀다. 그중에 호소카와 타카시(細川たかし)의 노래가 가장 우수하다고 평한다.

노메토 이와레테 스나오니 논다(飲めと 言われて 素直に 飲んだ)
카타오 다카레테 소노키니 낫타(肩を 抱かれて その 気になった)
바카나 데아이가 리코우니 바케테(馬鹿な 出逢いが 利口に 化けて)
요세바 이이노니 히토메보레(よせば いいのに 一目惚れ)
나니와- 부시다요 온나노 온나노 진세이와(浪花節だよ 女の 女の 人生は)

마시라고 말해서 순순히 마셨어요
어깨를 안겨서 그럴 마음도 생겼어요
바보같은 만남이 영리함으로 둔갑해서
그만두면 좋으련만 첫눈에 반해
나니와 가락이야 여자의 인생은

우소와 다레카가 오시에테 쿠레루(嘘は 誰かが 教えてくれる)
코이모 다레카가 미쯔케테 쿠레루(恋も 誰かが 見つけてくれる)
손나 다레카니 후리마와사레테(そんな 誰かに 振り廻されて)
키에타 온나가 마타 히토리(消えた 女が またひとり)
나니와- 부시다요 온나노 온나노 진세이와(浪花節だよ 女の 女の 人生は)

거짓말을 누군가가 가르쳐 주고

사랑도 누군가가 찾아 주지요
그런 누군가에 홀딱 빠져서
같이 떠나간 여자가 또 한사람
나니와 가락이야 여자의 인생은

사이테 시본데 스테라레 마시타(咲いて 萎で 捨てられました)
앗테 와카레테 아키라메 마시타(逢って 別れて 諦めました)
히토노 나사케니 쯔카마리 나가라(人の 情けに つかまりながら)
오레타 나사케노 에다데 시누(折れた 情けの 枝で 死ぬ)
나니와- 부시다요 온나노 온나노 진세이와(浪花節だよ 女の 女の 人生は)

꽃피었다가 시들어서 버림받았어요
만났다가 헤어지고 단념했어요
남자의 인정에 이끌리면서
꺾인 애정의 가지에서 죽어요
나니와 가락이야 여자의 인생은

인간의 회고(回顧)를 놓고 공자(孔子)는 '열다섯에 학문에 뜻을 두었고(吾十有五而志于學), 서른 살에 설 수 있었으며(三十而立), 마흔 살이 되어 미혹함이 없었고(四十而不惑), 쉰 살이 되어 천명을 알았으며(五十而知天命), 예순 살이 되어 귀가 순하게 되고(六十而耳順), 일흔 살이 되어 내 마음이 하고자 하는 바를 따라도 법도에 어긋남이 없었다(七十而 從心所欲 不踰矩)'라고 하였다. 후회하지 않는 인생은 잡념을 버리고 오직 하는 일에 즐겁고 적극적인 자세로 하루하루를 살아가는 길밖에 없다. 마음속에는 꿈을 늘 간직하고 신체에 대한 면

역력을 강하게 유지하기 위해서 열심으로 꾸준히 운동을 해야 한다. 남과 비교를 하지 말고 주워진 환경을 비관(悲觀)으로 탓하지 말자. 길가에 꽃을 보라. 누가 보든 말든 아랑곳없이 방긋방긋 웃지 않는가.

낯선 존재를 만나면 친구로 대하는 노력을 나는 많이 하는 편이다. 때로는 외로움을 인정하기 싫어서 혼자가 편하다고 믿는 것은 아닐까. 남은 여생에서 좋은 스승을 만나는 것이 가장 행복하다고 생각한다. 스승의 도(道)는 살아있는 동안에 소망하고 간절히 기다리면서 기도해야 한다. 스승의 자격은 출생의 선후(先後)가 중요하지 않다. 한퇴지(韓退之)는 '스승은 신분의 귀하고 천함도 없으며 나이의 많고 적음도 없고 도(道)가 있는 곳이 스승이 있는 곳이다(無貴無賤 無長無少 道之所存 師之所存也)'라고 말했다. 비록 추회막급(追悔莫及)의 삶을 산 나에게도 좋은 일이 향후(向後)에 생기도록 순간마다 성령(Holy Spirit)께 간절히 기도하고 또 기도할 뿐이다.

人生の後悔莫及

　孔子は"一生の計画は幼い時にあり(一生之計 在於幼), 一年の計画は春にあり(一年之計 在於春), 一日の計画は夜明けにある(一日之計 在於寅). 幼くて学ばないと老いて知ることがなく(幼而不学 老無所知), 春に畑を耕さなければ秋に収穫することがなく(春若不耕 秋無所望), 夜明けに起きなければ一日のことがまともにできない(寅若不起 日無所辦)"という'三界図'を定めた. 私は孔子のように有能ではなくて私の一生と一年と一日の計画をまともに立てることができなかった. 今耳順の年が過ぎたのにまだ知恵が足りない. だからといって左衝右突するわけではないが振り返ってみると私の人生は後悔の極まる人生を送っている.

　突然ある日病院で超音波検査, CT撮影, MRI検査をした. 2.8cmの大きさの肝から腫瘍1個が発見され私の心を憂鬱にさせた. '肝癌2期だが初期段階'と担当医師は診断した. 天が崩れるようだった. 人間は精神が肉体を支配するため精神さえしっかりすればすべては解決されるということを聖霊が教えてくれた. Y大学病院消化器内科のK医師は私に言った. "お父さんは運がいいんです. それでも早く見つけて手術すれば全快します. しかし手術したくても手術ができない人がどれほど多いか知っていますか"と叱っ

た．"有り難う御座います"と答えた．少し緊張が解けた．肝胆膵外科のH医師は"お父さん! ため息をつかなければいけませんか? すでに病気になっているので治療に専念してください"ともう一度叱った．私は開腹手術が怖くて怖かった．職場も心配になった．果たして病暇が実現するだろうか．だめなら'疾病失業給付'を受けることができるだろうか．何かと頭が複雑になった．看病人も助けなければならない．

今回の肝癌発見で私の人生を振り返ることになった．かつて健康管理を疎かにした点は大きな失策だった．だからといって大金を稼いで経済力を大きくすることもできなかった．振り返ってみると子供の農事がうまくいったわけでもない．ある日一人になって都心の中の自然人(natural person)になっていた．現実は暗澹した．'孤独という病'は年を取るほど深く訪れる．肉体の病気よりもっと恐ろしい精神的な寂しさは肝臓癌よりもっと恐ろしい．肉体の病気は良い医者に会って手術さえうまくすれば全快して幸せに暮らせる．しかし精神的な病気を治すには一人ではないという自分の事情を他人に表に出してはならない．このような点が容易ではない人生の知恵ではないだろうか．

最近になってニュースを見る度に人命を軽視する風潮が日増しに増えている．一度きりの人生が尊い富名な人生を送るように功力を傾けなければならない．ヤコブ(ヤコブ)は'明日のことを私たちが知らず私たちの人生が何なのか世の中で少しだけ見えて消える霧'と話した．李密は'人の命が危険で浅くて朝も夕方のことを考えることができない(人命危浅 朝不慮夕)'と話した．ふと初冬の冷たい風が強く吹くと歳月と四季の風景を私は頭の中でしばらくそう思う．陶淵明の四時を詠み長いため息をつくとすぐに美しく豊かな緑の草むらの人生を夢見たくなる．

　　春の水は池ごとにいっぱいで(春水滿四澤)

夏の雲は奇異な峰が多い(夏雲多奇峯)
秋の月は舞い上がって明るく輝き(秋月揚明輝)
冬の山の頂には寂しい松の木が咲き乱れる(冬嶺秀孤松)

　哲人は兆朕を知って誠実にする．知事は行動に励んですることを忠実に実行する．世の中の道理に従えば余裕が生じる．雑多な欲に従えば心身が危険だ．一瞬でもよく考えて戦々恐々と自分を取り締まらなければならない．習慣が本性と成れば聖賢と共に帰る．決断を下すと優先順位が調和して配列される．もどかしい胸を打つよりは外に出て空を見ると良い考えが浮かぶようになる．それによってメロディーの旋律が優れた歌を歌うようになる．
　私は胸が苦しくて憂鬱な時日本の歌謡である'浪花節だよ人生は'という歌を楽しく熱心に歌う．韓国語に訳すと'人生は浪花(人情と義理)の調べだ'という意味だ．'浪花節'は日本の伝統音楽のジャンルだ．別の言葉では'浪曲'とも言う．この歌の歌詞はとても憂鬱で愛に失敗した女性の人情と義理についての話だ．反面メロディーは非常に軽快で涼しい．この歌のメロディーを聞くと自然に踊りが出る名曲の中で名曲だ．この歌は多くの歌手が歌った．その中で細川たかしの歌が一番優秀だと評する．

飲めと 言われて 素直に 飲んだ
肩を 抱かれて その 気になった
馬鹿な 出逢いが 利口に 化けて
よせば いいのに 一目惚れ
浪花節だよ 女の 女の 人生は

嘘は 誰かが 教えてくれる
恋も 誰かが 見つけてくれる
そんな誰かに 振り廻されて
消えた 女が またひとり
浪花節だよ 女の 女の 人生は

咲いて 萎で 捨てられ ました
逢って 別れて 諦めました
人の 情けに つかまり ながら
折れた 情けの 枝で 死ぬ
浪花節だよ 女の 女の 人生は

　人間の回顧について孔子は'15歳で学問を志し(吾十有五而志于学), 30歳で立つことができ(三十而立), 40歳になって迷いがなく(四十而不惑), 50歳になって天命を知り(五十而知天命), 60歳になって帰順することになり(六十而耳順), 70歳になって私の心がしようとするところによっても法道に背くことがなかった(七十而 從心所不知火)'と言った. 後悔しない人生は雑念を捨ててただすることに楽しくて積極的な姿勢で毎日を生きていく道しかない.　心の中には夢を常に持ち身体に対する免疫力を強く維持するために熱心に地道に運動をしなければならない.　他人と比較をせずに拾われた環境を悲観で責めるのはやめよう. 道端に花を見よ. 誰が見ようが見まいがにっこりと笑っているのではないだろうか.
　見知らぬ存在に会えば友達として接する努力を私はたくさんする方だ. 時には寂しさを認めたくないから一人が楽だと信じるのではないだろうか. 残りの人生で良い師匠に会うのが一番幸せだと思う. 師の道は生きている間に望み切実に待ちながら祈らなければならない.　師匠の資格は出生の

前後が重要ではない. 韓退之は'師匠は身分の貴重で卑しさもなく年齢の多さも少なさもなく道があるところが師匠のいるところだ(無貴無賤 無長無少 道之所存 師之所存也)'と話した. たとえ追悔莫及の人生を生きた私にも良いことが向後に起こるように瞬間ごとに聖霊(Holy Spirit)に切実に祈りまた祈るだけだ.

도회(都會)의 자연인

젊은 산소가 부족한 도회인(都會人)에게 오는 답답함과 막막함의 절규는 모두에게 공허한 마음을 채우려고 몸부림치고 있다. 거리를 지나는 중에 '백조(100 trillion)원 맥주'라는 간판을 보게 되었다. 자신에게 자문해본다. 과연 당인(當人)에게 100조 원의 돈이 생겼다면 어떻게 관리하고 살 것인지 심각하게 고민하게 되었다.

남녀가 만나서 부부가 되는 첩경은 서로가 성격 차이를 극복하는 것이다. 남자가 보는 상대의 여성이 완벽주의(完璧主義)를 추구하면 남자는 상대에게 피곤하고 긴장하게 된다. 반대로 허점이 많고 실수를 잘하는 여성에게는 다그치거나 야단을 쳐서 마음의 상처를 남기고 급기야 서로의 관계는 깨어진다. 어떤 문제가 생겼을 때 좀 참고 용서하면 사랑의 다리는 거룩하게 건너가게 된다. 내공(乃公)이 도회(都會)의 자연인이 된 것도 이런 간단명료한 진리를 깨닫지 못했기 때문이다.

직장생활 같은 조직에서도 상사나 고객 중에서 좋은 사람을 만나는 것도 행운이 따라야 한다. 이는 욕심이 없고 마음이 깨끗해야 뜻을 밝게 가질 수 있고, 마음이 편안하고 고요해야 포부를 이룰 수 있다(澹泊明志 寧靜致遠).

　사람이 변해도 철저하게 변하는 게 있다. 당인(當人)이 5개월 전에 초기 간암 진단으로 간절제(肝切除) 수술을 받은 적이 있다. 수술 전에는 누군가가 먹는 것을 주면 가리지 않고 잘 먹었다. 지금은 그런 음식들을 다른 사람에게 다 나누어준다. 이것은 수술한 후 내공(乃公)이 수많은 고통을 이겨낸 결과이다.

　사람 마음의 움직임은 말을 통해 나타난다. 말을 할 때에 조급하고 경망함을 금지해야 마음이 고요하고 전일(全一)하게 된다. 말은 가장 중요한 것으로 전쟁을 일으키기도 하고 우호를 만들기도 한다. 범사에 길흉과 영욕이 오직 말이 초래하는 것이다. 말은 지나치게 쉽게 하면 허탄(虛誕)하고 지나치게 번거로우면 지루하다. 자신이 말을 함부로 하면 남도 거슬리고 나가는 말이 거칠면 돌아오는 말도 도리에 어그러진다. 법 테두리 안의 벗어난 말은 하지 말며 오직 가르치는 공경의 말로 받들어야 한다.

　당인은 비우고 버리는 마음이 부족해서 누군가가 안입는 옷을 준다고 했을 때 강하게 거절하지 못했다. 이에 소욕(少慾)이 마음에서 맹타(猛打)하여 시간이 지난 후에는 곧 반성하게 된다.

　태양이 솟구치는 시내를 걷다가 문득 떠오르는 생각에 잠시 걸음을 멈추었다. 키가 큰 남자와 키가 작은 여자가 손잡고 가는 모습을 보았다. 상상의 거울에 비치는 내 모습은 오척지동(五尺之童)의 단구(短軀)에 지금까지 구슬프고 험난한 이 세상을 열심히 살아왔다. 옛날 같았으면 장향(杖鄕)으로 불리어 노객(老客)이 되었을 것이다. 아! 태양이여! 나에게 힘과 용기를 줘. 내 손을 잡아줘. 빛이여 나의 피부에 곱고 빛나는 피부를 줘. 이글거리는 태양이여! 기특한 내 삶에 심포니 연주를 부탁해.

　꼭 필요한 물건을 매득(買得)하러 엄장(嚴壯)한 마음으로 집을 나섰다. 친절하고 자상한 여직원에게 소중한 물건을 사고 나니 행복하고 기분이 좋아졌다. 그 직원은 내가 부족하고 모르는 부문을 정결한 미소로 넉넉하게 가르쳐 주었다. 이어서 계산할 때 따뜻한 환대로 선물까지 주면서 당인에게 살갑게 대했다. 만약 그녀가 손님이 구매한 물건을 쉽게 가져가도록 봉지(封紙)까지 주었으면 금상첨화(錦上添花)가 아니었을까 한다. 집으로 돌아오는 길에서 잠시 생각했었다. 좋은 문장에 고운 화장을 한 형용사(形容詞)나 은은하게 향기를 뿜는 부사(副詞)와 같이 그녀가 화객(華客)에게 좀 더 자상하게 해주기를 희망했다.

'혼자 가는 길이 외롭지 않다'는 과거에 요절한 가수의 노래가 생각났다. 물론 도심 속에 사는 자연인이 가는 길이 꼭 외롭다는 것은 아니다. 때로는 빌딩 숲을 걸어갈 때 산골에서 서식하는 당혜를 만날 때도 있다. 그 길이 무서울 때는 즐거운 아리랑을 부르기도 했다. 언제나 동행하는 성령이 있어서 거룩한 길이 되기도 했다. 일주일에 한 번 가는 교회에서 혼자 가는 길이 후회 없는 길이 되도록 기망(祈望)을 각근(恪勤)히 했다. 이는 도회(都會) 속에서 바라는 자유인의 작은 소망일 뿐이다.

사람은 두 가지 형태의 인간이 있다. 하나는 말을 잘하는 사람이 있다. 누구는 말로 모든 것을 한 몫 한다. 또 하나는 글을 잘 쓰는 사람이 있다. 당인은 후자(後者)에 속한다. 설명을 자세히 하면 친절하다고 칭찬할 수도 있다. 한편 말이 길다고 야단을 치는 사람도 있다. 경상도 출신인 나는 언제나 말을 잘못해서 자학(自虐)할 때도 있다. 반면 전라도 출신의 친구들은 말을 너무 잘한다. 그때마다 당인은 너무 염선(艶羨)하는 마음이 생겼다. 전라도 사람들의 민성(民性)을 조선 개국 시기 이성계에게 고언(苦言)한 삼봉(三峰) 정도전(鄭道傳)의 조선팔도 어록(민심)에 대해 생각해봤다.

경기도는 경중미인(鏡中美人)이며 '거울 속의 미인' 같다.

충청도는 청풍명월(淸風明月)이며 '밝은 달에 맑은 바람' 같다.
전라도는 풍전세류(風前細柳)이며 '바람 앞에 가는 버드나무 가지' 같다.
경상도는 송죽대절(松竹大節)이며 '소나무와 대나무의 곧은 절개' 같다.
강원도는 암하노불(岩下老佛)이며 '바위 밑에 앉은 오래된 돌부처' 같다.
황해도는 춘파투석(春波投石)이며 '잔잔한 파도에 돌 던지는 것' 같다.
평안도는 산림맹호(山林猛虎)이며 '밀림 속의 용맹한 호랑이' 같다.
함경도는 이전투구(泥田鬪狗)이며 '뻘밭에서 하는 개싸움' 같다.

전라도 사람들의 심성은 풍전세류(風前細柳)이다. 이는 바람 앞에 나부끼는 가지가 매우 가는 버들이라는 뜻이다. 또한 부드럽고 영리한 전라도 사람의 성격을 비유적으로 이르는 말이다. 한국 정치문화의 풍토는 전라도와 비전라도가 대결하는 각축장(角逐場)이다. 전라도 사람들과 대화해보면 눈가에 서글픈 서얼사상(庶孼思想)이 물방울처럼 흘러내리는 것을 느꼈다. 그들에게는 적자사상(嫡子思想)이 그리웠을 것이다.

도시의 자연인으로 살면서 퇴직금으로 받은 거관(巨款)을 십일조로 드렸다. 이전에 드리지 못한 죄책감도 있어서 기쁨으로 드렸다. 이젠 마음이 편하다. 행복은 자신에게서 오는 것이 아니라 자유로운 숭배에서 오고 성령의 인도로 느낀다. 자유를 누비며 살아야 한다. 자유를 뇌옥(牢獄)에 가두지 말고 자유분방하게 살자.

인간관계에서 심신이 편안하려면 당자(當者)는 종이 아니지만 사람을 대할 때 종노릇하며 섬기는 자세가 필요하다. 좋은 배우자를 만나는 것도 복이 된다. 신성한 삶을 살기 위해서는 상대를 섬기고 긍정적인 마음을 가져야 한다. 바닷가에서 물고기를 잡으려면 미끼를 던지고 기다릴 때 만족이 없으면 곧 후회하게 된다. 남녀가 연애를 할 때 서로가 불꽃 튀는 절애지(切愛之)는 오래 가지 않는다. 에로스 사랑이 변해서 아가페적 사랑을 하면서 살도록 '성령'이란 산삼을 캐서 먹어야 가능하다. 자연인은 도회(都會)에서 행복한 순례자의 인생길을 개척해야만 성인이나 영웅의 반열에 우뚝 서게 될 것이다.

都会の自然人

　若い酸素が足りない都会人に来るもどかしさと漠然とした叫びは皆に空虚な心を満たそうともがいている．通りを通る途中'100 trillion ワンビール'という看板を目にした．自分に自問してみる．果たして当人に100兆ウォンのお金ができたらどのように管理して生きるのか深刻に悩むようになった．
　男女が出会って夫婦になる近道はお互いの性格の違いを克服することだ．男が見る相手の女性が完璧主義を追求すると男は相手に疲れて緊張するようになる．逆に弱点が多くミスが上手な女性には急き立てたり叱ったりして心の傷を残しついにお互いの関係は崩れる．ある問題が起きた時少し我慢して許せば愛の橋は神聖に渡ることになる．乃公が都会の自然人になったのもこのような簡単明瞭な真理に気づかなかったためだ．
　職場生活のような組織でも上司や顧客の中で良い人に会うのも幸運が伴わなければならない．これは欲がなく心がきれいであってこそ意味を明るく持つことができ心が安らかで静かであってこそ抱負を叶えることができる(澹泊明志 寧靜致遠).
　人が変わっても徹底的に変わることがある．唐人が5ヶ月前に初期肝臓癌の診断で肝切除手術を受けたことがある．手術前には誰かが食べるものを

くれると好き嫌いなくよく食べた．今はそのような食べ物を他の人に全部分けてくれる．これは手術後乃公が数多くの苦痛を乗り越えた結果だ．
　人の心の動きは言葉を通じて現れる．話をする時にせっかちで軽はずみなことを禁止してこそ心が静かで全一するようになる．言葉は最も重要なもので戦争を起こしたり友好を作ったりする．凡事に吉凶と栄辱がただ言葉がもたらすものだ．言葉はあまりにも簡単に言えば虚誕し過度に煩わしいと退屈だ．自分がむやみに話をすれば人も気になり出る言葉が荒ければ帰ってくる言葉も道理に反する．法の枠内の外れた言葉は口にせずただ教える敬虔な言葉として崇めなければならない．
　当人は空にして捨てる気持ちが足りず誰かが着ない服をくれると言った時強く断ることができなかった．これに対し少慾が心から猛打し時間が経った後はすぐに反省することになる．
　太陽がほとばしる市内を歩いている途中ふと思い浮かぶ思いでしばらく足を止めた．背の高い男と背の低い女が手をつないでいく姿を見た．想像の鏡に映る私の姿は五尺之童の短軀に今まで悲しく険しい世の中を熱心に生きてきた．昔のようであれば杖郷と呼ばれ老客になったはずだ．あ！太陽よ！私に力と勇気をくれ．私の手を握って．光よ私の肌にきれいで輝く肌をくれ．燃える太陽よ！感心な私の人生にシンフォニー演奏をお願い．
　どうしても必要な物を買得しに厳壮な気持ちで家を出た．親切で優しい女性職員に大切な物を買って幸せで気分が良くなった．その職員は私が不足している知らない部門をきれいな笑顔で十分に教えてくれた．続いて計算する時温かいもてなしで贈り物まで与え唐人に優しくした．もし彼女がお客さんが購入した品物を簡単に持っていくように袋までくれたら錦上添花ではなかったかと思う．家に帰る途中でしばらく考えていた．いい文章にきれいな化粧をした形容詞やほのかに香りを放つ副詞のように彼女が華客にもっと優しくしてくれることを希望した．
　'一人で行く道が寂しくない'という過去に夭折した歌手の歌を思い出し

た． もちろん都心の中に住む自然人が行く道が必ずしも寂しいというわけではない．時にはビルの森を歩いていく時山奥に生息する蛇を会う時もある．その道が怖い時は楽しいアリランを歌ったりもした．いつも同行する聖霊がいて神聖な道になったりもした． 週に一度行く教会から一人で行く道が後悔のない道になるように祈望を恪勤した．これは都会の中で望む自由人の小さな願いに過ぎない．

　人には二つの形態の人間がいる．一つは話が上手な人がいる．ある人は言葉ですべてを一役買う．もう一つは文章を上手に書く人がいる．唐人は後者に属する．詳しく説明すれば親切だと褒めることもできる．一方で長話だと叱る人もいる．慶尚道出身の私はいつも口下手で自虐することもある．一方全羅道出身の友人たちは話が上手だ． その度に当人はあまりにも艶羨という気持ちになった． 全羅道の人々の民性を朝鮮開国の時期に李成桂に苦言した三峰鄭道傳の朝鮮八道語録について考えてみた．

　京畿道は鏡中美人で'鏡の中の美人'のようだ．
　忠清道は清風明月であり'明るい月に澄んだ風'のようだ．
　全羅道は風前細流であり'風の前に行く柳の枝'のようだ．
　慶尚道は松竹大節であり'松と竹のまっすぐな切開'のようだ．
　江原道は岩下老仏であり'岩の下に座った古い石仏'のようだ．
　黄海道は春波投石であり'穏やかな波に石を投げるようなもの'のようだ．
　平安道は山林猛虎であり'密林の中の勇猛な虎'のようだ．
　咸鏡道は泥田闘狗であり'干潟での犬の喧嘩'のようだ．

　全羅道の人々の心性は風前細流である．これは風の前になびく枝がとても細い柳という意味だ．また柔らかくて賢い全羅道の人の性格を比喩的に

指す言葉だ．韓国の政治文化の風土は全羅道と非全羅道が対決する角逐の場だ．全羅道の人々と会話してみると目元に悲しい庶孼思想が水滴のように流れ落ちるのを感じた．彼らには嫡字思想が懐かしかっただろう．

　都市の自然人として暮らしながら退職金として受け取った巨款を十一条で渡した．以前に差し上げることができなかった罪悪感もあって喜んで差し上げた．もう気が楽だ．幸福は自分から来るのではなく自由な崇拝から来て聖霊の導きだと感じる．自由を縫って生きなければならない．自由を牢獄に閉じ込まず自由奔放に生きよう．

　人間関係で心身が楽になるためには当者は下部がないが人に接する時に従奴をしながら仕える姿勢が必要だ．良い配偶者に出会うことも福になる．　神聖な人生を送るためには相手に仕え肯定的な心を持たなければならない．　海辺で魚を捕るためには餌を投げて待つ時に満足がなければすぐに後悔することになる．男女が恋愛をする時お互いに火花が散る切愛之は長続きしない．エロスの愛が変わってアガペ的な愛をしながら生きるように'聖霊'という山参を掘って食べなければならない．自然人は都会で幸せな巡礼者の人生の道を切り開いてこそ大人や英雄の仲間入りを果たすことができるだろう．

인간의 계급(階級)

　인간은 감정의 순수함을 유지하는 게 중요하다. 특히 남자는 여자를 대할 때는 섬세하게 접촉해야 한다. 이와 함께 누구를 미워하는 증오심도 버려야 한다. 이를 장시간 간직하면 자신도 모르게 혈압이 상승한다. 음식에 대한 식탐이 생겨나면 더욱 몸이 불안해진다. 절박한 심정으로 간구하는 부문은 혈당을 높이는 식품, 음식 등에 신경을 써서 이를 부단히 삼가해야 한다.
　마음가짐을 바르게 하고 결코 조급함으로 암기력을 성장시키는 뇌보다 사고력을 키우는 뇌로 바꾸는 것을 권하고 싶다. 이는 정신적으로나 혹은 육체적으로도 건강을 유지하는 암묵적 비밀이 될 것이다. 가급적 마음을 목가적(牧歌的) 생각으로 준수하는 것이 상대에게 약점이 보이지 않게 된다. 또한 유유히 흐르는 강물처럼 생동감 있는 노래를 부르고 살아야 한다.
　일본의 엔카(演歌) 중에 미소라 히바리(美空ひばり)가 부른 '온나노 카이큐(女の階級)'란 아주 멜로디가 경쾌하고 가사도 좋은 노래가 있다. 이 노래는 영화 주제가로도 유명하다. 나는 이 노래를 마음이 우울할 때마다 경쾌한 멜로디에 심취하여 자주 부른다. 이 노래 제목

의 뜻은 '여자의 정조'로 해석하는 사람들이 있다. 적확하게 해석하면 '여자의 수준'이 원어민의 뜻에 더한층 가깝다. 이 노래를 펼쳐보면 다음과 같다.

키미니 사사게타 마고코로노(君に捧げた 純情の)
아이가 온나노 이노치나라(愛が 女の 生命なら)
요와이 나미다하 쿄우카기리(弱い 涙は 今日かぎり)
스테테 이바라노 미치오유쿠(捨てて 荊刺の 径を行く)

그대에게 바친 순정의
사랑이 여자의 생명이라면
연약한 눈물은 오늘까지만
버리고 가시밭길을 가네

코코로 쿠다케도 마마나라누(こころ 砕けど ままならぬ)
쯔라이 우키요노 사요아라시(辛い 浮世の 小夜嵐)
아이노 후나지오 이노루고토(愛の 船路を 祈るごと)
호시모 마타타쿠 코노유우베(星も またたく この夕べ)

마음을 다해도 뜻대로 되지 않는
괴로운 속세의 밤에 부는 폭풍우
사랑의 뱃길을 기원할 때마다
별도 반짝이는 이 저녁때

오모이 미다레테 사쿠화나와(想い 乱れて 咲く花は)
온나 고코로카 쯔키구사요(女 ごころか 月草よ)

나미다 사소우나 아키카제니(なみだ誘うな秋風に)
치루와 카노히노 유메바카리(散るは彼の日の夢ばかり)

여러 가지 생각에 쌓여 마음 흐트러져 피는 꽃은
여자의 마음인가 닭의장풀이여
눈물을 부추기지마 가을바람에
지는 것은 그날의 꿈뿐

키미오 시나노노 코우겐니(君を信濃の高原に)
나미다 카쿠시테 미오쿠레바(なみだ かくして 見送れば)
나비쿠 케무리모 히토스지니(なびく けむりも ひとすじに)
모에테 히오하쿠 아사마야마(燃えて 火を噴く 浅間山)

그대를 시나노의 고원에서
눈물을 감추고 전송하면
나부끼는 연기도 한 줄기에
불타올라 불을 뿜는 아사마산

'온나노 카이큐(女の階級)'라는 이 노래 제목에서 보듯이 계급은 인간의 수준을 나타내는 표현이다. 역사적으로 국가가 간두지세(竿頭之勢)의 위기에서 왜란(倭亂) 때 북방으로 백성을 버리고 도망간 정치지도자들도 있었다. 호란(胡亂) 때에는 적장(賊將)에게 삼궤구고두례(三跪九叩頭禮)를 쉽게 한 정치지도자(인조)도 있었다. 이어서 왜란(倭亂) 때에는 자신이 백성을 치리(治理)하던 구중심처(九重深處)를 버리고 몰래 도망간 정치지도자(선조)도 있었다. 이들의 계급은 노예보다 못한 비겁한 겁부(怯夫)들이었다. 이 노래 1절 가사에서 '

연약한 눈물을 버리고 가시밭길을 가네'라는 구절이 있다. 이는 자굴지심(自屈之心)을 발하지 않고 인간의 수준을 높이 평가하는 노랫말이다. 상기 인조와 선조는 고난의 순교(殉敎)를 무시한 최하의 인간계급이었다.

근래에 다니는 회사에서 P본부장이 점심 식사 중에 한 말이다. "박선배님은 이,삼 년만 다니시고 그만하시죠. 더 이상 욕심부리지 마십시요. 건강관리나 잘하세요!"라고 말했다. 그 말을 듣는 중에 나는 기절담락(氣絶膽落)할 것 같았다. 고희(古稀)의 나이까지를 목표로 정해 놓고 일을 하려고 했는데, 이제 새로운 일을 위해 준비해야 하는가. 갑자기 슬퍼지고 정신이 몽롱창망(朦朧蒼茫)해졌다. 이것이 인생을 사는 남자의 계급인가.

지난날을 생각해보면 초등학교 보안관을 하려고 학교안전지도사 자격증을 따서 예순여덟 번이나 수도(首都)에 있는 초등학교에 보안관 지원서를 제출한 적이 있었다. 그 와중에 딱 한 번 G초등학교에서 면접(面接)을 본적이 있었다. 그때 심사위원들의 질문은 "학부모들이 허락없이 학교에 무단으로 들어올 때 어떻게 대처하시겠습니까?"라는 질문에 당인(當人)은 "매뉴얼(manual)대로 대처하겠습니다"라고 답했다. 또 하나의 질문은 "박사학위를 받았습니까?"라고 질문하길래, 당시에는 "박사과정 수료입니다"라고 대답했다. 그렇다면 지금은 '박사졸업'인데 합격했을까 의문이 든다. 이는 이미 각본에 의해 짜여진 가장(假裝)된 공개채용이라는 그림을 그리는 형국이었다. 다시 말해, 합격자를 정해 놓고 나머지 지원자는 들러리가 되었던 것이다. 모든 것은 절묘(絶妙)한 타이밍이다. 지금도 초등학교 보안관을 한 번 하고 싶다. 그러나 소원성취가 될지는 의문이다. 이를 위해 성령께 기도하고 있다.

군자(君子)가 지키는 것은 도의(道義)요 행하는 것은 충신(忠信)이며 아끼는 것은 명예(名譽)와 절개(節槪)이다. 이로써 몸을 닦으면 도를 함께하여 서로 유익하다. 이로써 국가를 섬기면 마음을 함께하여 서로 도와 시종여일(始終如一)하니 이것이 군자의 붕당(朋黨)이다. 군주(君主)가 된 자는 마땅히 소인(小人)의 거짓된 붕당을 물리쳐야 한다. 군자의 참된 붕당을 쓴다면 천하가 다스려진다. 과거에나 지금이나 불량한 정객(政客)들은 나라를 어지럽히고 백성들을 궁지에 몰아넣었다. 이어서 저급한 위정자들의 수준을 볼 때 속이 쓰리고 마음이 아프다. 아하! 이것이 인간의 계급이었던가.

오래전 직장에서 점심시간에 식사를 한 후, 잠시 산책하면서 빙판길에서 넘어진 일이 있었다. 그 결과 왼쪽 어깨가 갑자기 접치고 말았다. 오랫동안 한의원에서 침(鍼)을 맞고 서서히 완쾌되었다. 사고의 원인은 신발 바닥이 낡아서 즉시 신발을 바꿔 신지 못한 실책이었다. 그다음 원인은 경사진 빙판길을 생각없이 지나가는 실수였다. 그 후에 걷기 전에 한두 번 생각하고 출발한다. 이런 사례들이 자기 마음이 아니라고 하면 지혜가 밝지 못한 것이다. 남이 자기를 의심하지 않기를 바란다면 도저히 될 수 없는 것이 바로 자신의 수양(修養) 방법이 아닐까. 잘못된 말은 진심이 아니며 잘못된 행동은 성심이 아니다(過言 非心也 過動 非誠也). 음성(音聲)에 잘못되며 사체(四體)를 그르치고 잘못하였는데, 자기가 당연하다고 한다면 자신을 속이는 것이다. 타인이 자기를 따르게 하고자 한다면 남을 속이는 것이다.

자신의 수준을 수양하는 이론에는 마음에서 나온 것을 허물로 돌려 자기의 희롱(戲弄)이라 한다. 생각에 잘못된 것을 스스로 속여 자기의 진심에서 나온 것이라고 해도 지혜로운 수양은 아니다. 잘못됨이 자신에게 나온 것을 경계할 줄 모르고 도리어 자신에게서 나오지 않은 것에 허물을 돌리는 것도 지혜롭지 못하다. 자신 속에 오만(傲慢)함을 자라게 하고 그릇된 행동을 이루게 하니 이것이 바로 영명(英名)하지 못한 수양이 아니겠는가.

부귀(富貴)와 복택(福澤)은 하늘이 장차 인간의 삶을 풍부하게 해주는 것이다. 빈천(貧賤)과 걱정은 인간의 수준(水準)을 옥처럼 갈고 연마하여 완성시키는 것이다. 생존은 인간의 주어진 일에 순종함이다. 죽음은 인간의 노동과 수고로움에서 편안해지는 것이다. 하늘의 도(道)를 세움은 음(陰)과 양(陽)이다. 땅의 도를 세움은 부드러움과 강함이다. 인간의 도를 세움은 인(仁)과 의(義)라고 했다. 처음으로 근원하면 마침으로 돌아간다(原始反終). '인간은 죽고 사는 원리를 안다'고 한다면 그것은 위대한 수준이다. 이것이 곧 인간의 계급이다.

갑자기 하늘에서 진주(珍珠)가 쏟아지더라도 추운 인간이 그 진주로 저고리로 삼지 못할 것이다. 또 하늘에서 옥(玉)이 쏟아지더라도 인간은 그 옥으로 곡식을 삼을 수 없다. 상대가 상대에게 은덕(恩德)을 베풀고 신의(信義)를 알았다면 서로의 마음을 훔치는 격이 된다. 이는 허구(虛構)라고 해도 결코 비난할 일은 아니다. 봄날이 화창하고 경치가 선명하며 파도가 잠잠한 어느 하루를 지나가는 세월을 누구도 정지시키지 못한다. 바닷가의 고운 모래밭을 걸어가면서 향기나는 연인의 손을 잡고 가는 꿈을 꿈꾸는 이들에게는 인간의 계급은 유의미하다. 반면 신(神)과 매시간마다 교제하는 수도자(修道者)들에게는 인간의 계급이 무의미하다. 그렇다면 과연 '인간의 행복한 계급'은 어디에서 나오는 것일까. 살아있는 동안에 날마다 성령께 '고난의 가시밭길'보다 '순탄한 꽃길'로 가게 해달라고 간구하는 것이다.

人間の階級

　人間は感情の純粋さを維持することが重要だ．特に男性は女性に接する時は繊細に接触しなければならない．これと共に誰かを憎む憎悪心も捨てなければならない．これを長時間保管すると自分も知らないうちに血圧が上昇する．食べ物に対する食欲が生まれるとさらに体が不安になる．切迫した気持ちで求める部門は血糖値を高める食品や食べ物などに気を使いこれを絶えず慎まなければならない．
　心構えを正しくし決して焦りで暗記力を成長させる脳より思考力を育てる脳に変えることをお勧めしたい．これは精神的にも肉体的にも健康を維持する暗黙の秘密になるだろう．なるべく心を牧歌的な考えで遵守することが相手に弱点が見えなくなる．また悠々と流れる川のように躍動感のある歌を歌って生きなければならない．
　日本の演歌の中で美空ひばりが歌った'女の階級'というとてもメロディーが軽快で歌詞も良い歌がある．この歌は映画の主題歌としても有名だ．私はこの歌を憂鬱な気持ちになるたびに軽快なメロディーに心酔してよく歌う．この歌のタイトルの意味は'女の貞操'と解釈する人々がいる．的確に解釈すると「女性のレベル」がネイティブの意思により一層近い．この歌を開い

てみると次のようだ.

　　　君に 捧げた 純情の
　　　愛が 女の 生命なら
　　　弱い 涙は 今日かぎり
　　　捨てて 荊刺の 径を行く

　　　こころ 砕けど ままならぬ
　　　辛い 浮世の 小夜嵐
　　　愛の 船路を 祈るごと
　　　星も またたく この夕べ

　　　想い 乱れて 咲く花は
　　　女 ごころか 月草よ
　　　なみだ 誘うな 秋風に
　　　散るは 彼の日の 夢ばかり

　　　君を 信濃の 高原に
　　　なみだ かくして 見送れば
　　　なびく けむりも ひとすじに
　　　燃えて 火を噴く 浅間山

　'女の階級'というこの曲のタイトルからも分かるように階級は人間の水準を表す表現だ. 歴史的に国家が干頭之勢の危機から倭乱の時北方に民を捨てて逃げた政治指導者たちもいた. 胡乱の時には賊將へ三軌九高頭礼

を容易にした政治指導者(仁祖)もいた．続いて倭乱の時には自分が民を治理していた九重心処を捨てて密かに逃げた政治指導者(宣祖)もいた．彼らの階級は奴隷より劣る卑怯な怯夫だった．この歌の1番の歌詞で'弱い涙を捨てて茨の道を行く'という一節がある．これは自屈之心を発せず人間の水準を高く評価する歌詞だ．上記の仁祖と宣祖は苦難の殉教を無視した最下の人間階級だった．

最近勤めている会社でP本部長が昼食中に言った言葉だ．"パク先輩は2,3年だけ通ってやめましょう．これ以上欲張らないでください．健康管理に気をつけてください!"と話した．その話を聞いているうちに私は氣節膽落しそうだった．古希の年齢までを目標にして仕事をしようとしたがこれから新しい仕事のために準備しなければならないのか．急に悲しくなり精神が朦朧蒼茫なった．これが人生を生きる男の階級なのか．

過去を考えてみれば初等学校保安官をしようと学校安全指導士資格証を取って68回も首都にある初等学校に保安官志願書を提出したことがあった．そんな中一度だけG初等学校で面接を受けたことがあった．その時審査委員たちの質問は"保護者たちが許可なく学校に無断で入ってきた時どのように対処しますか?"という質問に當人は"マニュアル通りに対処します"と答えた．もう一つの質問は"博士号を取りましたか?"ということで，当時は"博士課程の修了です"と答えた．それなら今は'博士卒業'なのに合格したのか疑問だ．これはすでに脚本によって組まれた'公開採用'という絵を描く形だった．つまり合格者を決めておいて残りの志願者は付き添いになったのだ．すべては絶妙なタイミングだ．今も初等学校の保安官になりたい．しかし願いが叶うかどうかは疑問だ．そのために聖霊に祈っている．

君子が守るのは道義です行うのは忠信であり大切にしているのは名誉と節概である．これで体を磨けば道を共にして互いに有益だ．これで国家に仕えると心を共にして互いに助け合って始終如一しているのでこれが君子の朋党だ．君主になった者は小人の偽りの朋党を退けなければならない．

君子の真の朋党を使えば天下が治まる．過去も今も不良な政客は国を乱し民を窮地に追い込んだ．続いて低級な為政者たちの水準を見ると胸が痛くて心が痛い．ああ! これが人間の階級だったのか．

　ずいぶん前職場で昼食時間に食事をした後，しばらく散歩しながら凍った道で転んだことがあった．その結果左肩が急に折れてしまった．長い間漢方医院で鍼を打ってもらって徐々に全快した．事故の原因は靴の底が古くて直ちに靴を履き替えられなかった失策だった．その次の原因は傾斜した凍った道を何も考えずに通り過ぎるミスだった．その後歩く前に1,2回考えて出発する．このような事例が自分の心でないと言えば知恵が明るくないのだ．他人が自分を疑わないことを望むなら到底できないのがまさに自分の修養方法ではないだろうか．間違った言葉は本気ではなく間違った行動は誠心ではない(過言 非心也 過動 非誠也)．音聲に誤り四体を誤って誤ったが，自分が当然だとすれば自分を欺くことだ．他人が自分に従わせようとするなら人を欺くことだ．

　自分の水準を修養する理論には心から出たものを過ちに回し自分の戯弄という．考えに間違ったことを自ら偽って自分の真心から出たものだと言っても賢明な修養ではない．過ちが自分に出てきたことを警戒することを知らずむしろ自分から出てこなかったことに過ちを変えることもよくない．自分の中に傲慢さを育ませ誤った行動をするようにするのだからこれがまさに英名できない修養ではないか．

　富貴と福沢は天が将来人間の生活を豊かにしてくれるものだ．貧賤と心配は人間の水準を玉のように磨き上げて完成させることだ．生存とは人間の与えられた仕事に従うことである．死は人間の労働と苦労から楽になることだ．天の道を立てたのは陰と陽だ．地の道を立てることは柔らかさと強さだ．人間の道を立てることは仁と義と言った．最初に根源すればちょうどに戻る(原始反終)．'人間は死んで生きる原理を知っている'と言えばそれは偉大な水準だ．これがすなわち人間の階級である．

急に空から珍珠が落ちても寒い人間がその珍珠として上着にすることはできないだろう．また空から玉が落ちても人間はその玉で穀物を作ることができない．相手が相手に恩徳を施し信義を知ったとすれば互いの心を盗むことになる．これは虚構だとしても決して非難することではない．春の日がのどかで景色が鮮明で波が静かなある一日を過ぎる歳月を誰も停止させることができない．海辺のきれいな砂場を歩きながら香る恋人の手を握って行く夢を夢見る彼らにとって人間の階級は意味がある．反面神と毎時間交際する修道者たちには人間の階級が無意味だ．では果たして'人間の幸せな階級'はどこから出てくるのだろうか．生きている間に毎日聖霊に'苦難の茨の道'より'順調な花道'に行かせてくれと懇願するのだ．

친절한 인생의 기술자

전통적으로 추석이나 설 명절에 선물을 주고받는 것은 우리 인간사에서 정답고 아름다운 풍경이다. 그런데 선물을 받는 사람의 기분이 불쾌하다면 이런 선물은 안 주는 게 나을 것이다.

추석 몇 일 전, 다니는 직장의 원청 기관에서 근무하는 L본부장에게 선물을 전달하려다가 단번에 거절당했다. 그는 하청 업체를 관리하는 '경영기획본부장'이라는 요직의 직무를 맡고 있었다. 또한 전무이사를 겸하고 얼마 전에 회장을 대리해서 당인(當人)에게 표창장을 수여한 당사자였다. 그는 큰소리로 "이런 것을 내가 왜 받아야 합니까?"라고 모질게 야단(惹端)을 쳤다. 시간이 조금 지난 후, 멍하게 서 있는 당인에게 고개를 숙이면서 거절하는 모습에 어안이 벙벙했다. 내공(乃公)은 좀 더 생각을 하고 행동하지 못한 점에 깊이 뉘우치고 있다. "아 아! 억울하면 출세하라!"라는 노래 가사가 생각났다. 또 한 가지 실책이라면 사람을 좀 더 깊이 분석하지 못한 점은 크나큰 불찰(不察)이었다. 그 후 '송구합니다'라는 문자를 보냈지만, 그는 답장이 없었다. 그는 자신의 신분과 맞지 않는 사람과 소통하지 않겠다는 것을 알게 되었다. 그 후 몇 달이 지난 어느 날 그에게 막강한 '경영기획본부장'직책은 G본부장에게 넘어갔다. 이는 전적으로 성령이 당인에게 임하여 L의 권력을 순식간에 날려버렸다. 이 모든 것은 친절한 인생이 그를 이긴 것이다.

'인간사에서 관계를 유지하는데 겸손은 사람을 머물게 한다. 칭찬은 사람을 가깝게 한다. 넓음은 사람을 따르게 한다. 깊음은 사람을 감동케 한다. 마음이 아름다운 자가 되면 상대방 향기에 세상이 아름다운 것이다' 갑자기 당인은 목민심서(牧民心書)의 가르침에 대한 각숙(恪肅)한 마음가짐을 가져본다. 지금까지도 숱한 곤란함을 겪었지만, 당인은 결코 비관(悲觀)하지 않았다.

H음식점을 경영하는 P대표이사는 솔정(率丁)을 시켜서 당인에게 거관(巨款)의 상품권을 주었다. 사양지심(辭讓之心)을 생활신조로 행하는 당인은 거절했지만, 전달자의 성의를 생각해서 마지못해 받았다. 그것을 받고 고마운 마음에서 무엇인가 보답을 해야겠다는 생각에 얼마 전에 저술한 최종학위 논문을 그 답례로 주었다. "야 아! 박사학위 논문이네!"라고 하면서 그것을 받은 그는 매우 기뻐했다. 인생을 살면서 '어리숙하게 보이기가 가장 어렵고, 손해 보는 것이 곧 복이다(難得糊塗 吃虧是福)'라는 신앙을 가지고 사는 게 편하다.

한편 원청의 CH본부장은 당인이 Y대학병원에서 수술하고 44일간 병가(病暇)를 내어 회복 후, 다니는 직장에서 원상 복귀하도록 도와주었다. 그에게는 정말 고맙고, 이와 같은 은혜는 사거(死去)해도 결초보은(結草報恩)해야 한다. 이에 당인이 받은 선물은 전부 그에게 주었다. 그런 후 당인은 마음이 편했다. 그의 표정은 볼 때마다 밝고 환하고 상쾌한 모습에 인자(仁慈)가 가득히 차 있었다.

같은 곳 원청에서 근무하는 P본부장은 자신의 판공비(辦公費)로 당인과 함께 한 달에 한 번씩 식사 시간을 갖는다. 당인은 불편했다. "본부장님께서 점심값을 두 번 지불하시면 저도 한 번 사야 하지 않습니까?"라고 항의성의 말을 했다. 그러면 그는 "어차피 내 돈으로 대접

하는 게 아니고, 임원 업무용 카드로 지불하니 신경쓰지 마세요"라고 말했다. 그의 친절함에 당인은 감동했다. "이 사람은 신분을 가리지 않고 대인관계를 하는구나!"라고 하면서 그를 존경하게 되었다. 식사하면서 당인에게 "박사님이신데 이젠 강의도 하셔야 될텐데요?"라고 걱정까지 하니 정말 그는 친절한 인생의 기술자였다.

인간관계에서 서로 상대에게 친절한 마음으로 섬기면서 사는 것을 당인은 중요하게 생각한다. 당인은 '낯선 사람에게 친절하라! 그가 변장(變裝)된 천사일지도 모른다'라는 생각을 날마다 한다. 때로는 낯선 사람에게 경계심을 가지는 것은 어쩔 수가 없다. 물론 첫인상에서는 묘하고 야릇한 웃음으로 다가와 시간이 지남에 따라 당인을 해롭게 하는 사람도 있었다. 이제는 그런 사람을 골라내는 지혜의 영(靈)과 혜안(慧眼)이 생겨나기 시작했다. '나의 선한 점을 말하는 사람은 곧 내게 해로운 사람이다(道吾善者 是吾賊), 나의 악한 점을 말하는 사람이 나의 스승이다(道吾惡者 是吾師)' 당인에게 가끔 명심보감(明心寶鑑)은 현재의 처신을 돌아보게 하는 삶의 보약이 되고 있다.

당인은 지난날 학부에서 대학 영어 시간에 '정직이 최선의 정책이다(Honesty is the best policy)'라는 구절을 배운 기억이 난다. 또 직장에서 일을 할 때도 정직하게 생활하는 것을 목표로 삼고 있다. 어느 날 여성 고객 한 명이 당인에게 아주 예의 바르게 인사를 했다. 당인은 자신도 모르게 상대에게 마음이 설레는 말을 했다. "선생님은 화용월태(花容月態)의 외모와 차밍(charming)하고 엘레강스(elegance)한 자세의 여성입니다"라고 인사했다. 그 다음에 그녀는 천연과즙 음료 한 박스와 손수 만든 수제(手製) 누룽지를 당인에게 선물로 주었다. 우리가 잘 알고 있듯이 '칭찬은 고래도 춤을 춘다'라는 말을 상기해 볼 필요가 있다. 그렇다고 상대에게 지나치게 미첨(媚諂)할 필요는 없다.

인생을 살면서 많은 사람을 알고 지낼 필요는 없다. 인간은 혼자 있을 때 가장 행복하다. 집을 나서면 사람과 부딪혀야 하는 현실에서 대인관계는 무조건 친절해야 한다. 이어서 섬기는 자세로 사는 게 마음이 편하다. 요즘 길을 가다가 느낀 점이다. 반려견(伴侶犬)을 데리고 다니는 사람들이 많다. 그중에서 여성이 더 많다. 이는 개가 사람보다 더 친절하다는 생각을 해 보았다. 또 그들은 불친절한 사람과 같이 사는 것보다 반려견과 같이 사는 게 마음이 더 편했을 것이다.

자신이 남에게 친절할 수 있는 비결은 타인에게 의지하지 않는 마음가짐이 매우 중요하다. '소속의 존중'을 극복하고 기쁘고 즐거운 인생을 만들어 가야 한다. 당인은 30여 년간 기독교 신앙 관계로 지낸 지인(知人)이 있었다. 그동안 그와 관계가 틀어질까 봐 듣기가 거북한 말도 참고 견디었는데, 최근에 관계를 끊었다. 처음에는 후회스러운 마음도 있었지만, 지금은 '참 잘했구나!'라는 마음이 들어 기쁘게 살고 있다. 또 한 사람은 그와 관계를 원상회복으로 원했지만, 당인은 단호히 거절했다. 이 또한 잘했다는 생각이 들었다. 지혜가 없어서 자신의 내면을 채우는 활동이 부족했다. 당인과 잘 맞지 않는 그와 맞추려고 노력했지만, 마음의 상처만 남았다.

타인에게 친절해야 자신의 마음이 편해지려면 새로운 도전을 두려워하지 말아야 한다. 내면이 강해야 하고, 관계하는 모두에게 사랑을 받을 필요가 없다. 모든 결정은 자신이 신중(愼重)하고 진중(鎭重)히 해야 한다. 이유 없이 자신을 비난해도 신경 쓰지 않고 가볍게 넘길 줄 아는 '친절의 기술'을 연마해야 한다. 인생을 살아보면 당인에게 도움이 되는 사람은 별로 없었다. 받기만 하고 이용해 먹으려는 사람, 질투하고 배 아파하는 사람, 여러 가지 이유로 상처 주는 사람 등이 많았다. 좋은 선물을 주고도 돌려받지 않는 사람은 바로 '나' 자신이었다.

대인관계에서 더욱 친절하려면 고독과 천천히 친구가 되어야 한다. '외로움이란 혼자 있는 고통을 표현하기 위한 말이고, 고독이란 혼자 있는 즐거움을 표현하기 위한 말이다'라고 설파(說破)한 폴 틸리히(Paul Third)의 말을 생각해본다. '인생은 혼자서 가는 길'이라고 누군가가 말했다.

　나이가 들수록 꽃 같은 인품의 향기를 지니고 넉넉한 마음으로 살아가야 한다. 늙어가더라도 지난날에 너무 애착하지 말고 언제나 청춘의 봄날로 살아가야 한다. 의욕이 솟아 활기가 넘치는 인생을 젊게 살아가야 한다. 우러난 욕심을 모두 몰아내고 언제나 평온한 마음을 지녀야 한다. 지난 세월을 모두 즐겁게 안아 자기 인생을 사랑하며 살아가야 한다. 지나간 과거는 모두 아름답게 여기고 앞으로 오는 미래의 시간표마다 아름다운 행복의 꿈을 그려야 한다. 그 꿈을 그린 화폭에서 매일 동그라미를 치며 사는 삶이 되어야 한다. 이것이 대인관계의 친절한 인생의 기술자가 되는 것이다.

　아침마다 거울을 보면 한 줄씩 그어지는 주름살 나이가 들어 인생의 경륜으로 남을 때 아주 가벼운 마음으로 살아가야 한다. 이를 마음의 부자로 여기며 살아가야 한다. 자신이 살아오면서 남긴 징표를 고이 접어 감사한 마음을 안고 나머지 삶도 더 아름다운 마음을 지니며 큰 기쁨으로 살아가야 한다. 이것이 행복의 기술이다. 인생이란 결국 혼자서 가는 길이다. 살아온 날들이 너무 많아 더 오랜 경륜이 쌓인 그 무게를 노여움 없이 무조건 마음으로 모두 나누어 주어야 한다. 아무것도 마음에 지닌 것 없이 자연스러운 마음으로 다시 돌아가야 한다. 백조가 너무나도 평온하게 노니는 이 세상에서 가장 푸르고 잔잔한 마음의 호수 하나를 가슴에 만들어 놓아야 한다. 이는 언제나 기도하는 마음에서 우러난 근심 없는 시간으로 살아가야 한다. 그게 인생의 가장 큰 행복이어야 한다. 결국 혼자 있는 인생을 잘 다루면 대인관계의 친절한 기술자가 되는 것이다.

親切な人生の技術者

　伝統的に秋夕や旧正月に贈り物を交わすのは韓国の人間史で正解であり美しい風景だ．ところが贈り物を受け取る人の気分が不快ならこのような贈り物は与えない方が良いだろう．
　秋夕の数日前，通う職場の元請け機関に勤めるL本部長に贈り物を渡そうとして一気に断られた．　彼は下請け業者を管理する'経営企画本部長'という要職の職務を受け持っていた．また専務理事を兼ねて先日会長の代理として当人に表彰状を授与した当事者であった．彼は大声で"どうしてこんなことを私が受けなければならないんですか"とひどく叱った．時間が少し経った後ぼんやりと立っている党人に頭を下げながら断る姿に呆然とした．乃公はもう少し考えて行動できなかった点に深く悔やんでいる．"ああ！悔しかったら出世しなさい！"という歌の歌詞を思い出した．もう一つの失策といえば人をもっと深く分析できなかった点は大きな不覚だった．　その後'申し訳ありません'というメッセージを送ったが，彼は返事がなかった．彼は自分の身分に合わない人とコミュニケーションを取らないということを知った．その後数ヶ月が過ぎたある日彼に強大な'経営企画本部長'職責はG本部長に渡った．　これは全面的に聖霊が当人に臨んでLの権力をあっという間に

吹き飛ばした．これらはすべて親切な人生が彼に勝ったのだ．
　'人間史で関係を維持するのに謙遜は人を泊まらせる．褒めることは人を身近にする．広さは人を従わせる．深さは人を感動させる．心が美しい者になれば相手の香りに世の中が美しいのだ'突然当人は牧民心書の教えに対する恪粛な心構えを持ってみる．これまでも多くの困難を経験したが，唐人は決して悲観しなかった．
　H飲食店を経営するP代表理事は率丁に頼んで当人に巨款の商品券を与えた．辭讓之心を生活信条として行う当人は断ったが，伝達者の誠意を考えて渋々受け取った．それを受けて感謝の気持ちで何か恩返しをしなければならないと思い先日著述した最終学位論文をそのお返しとして与えた."やあ！博士論文だね！"と彼はそれを受け取り大喜びした．人生を生きながら'愚かに見えることが一番難しく，損をすることがすなわち福だ(難得糊塗 吃虧是福)'という信仰を持って生きるのが楽だ．
　一方元請けのCH本部長は当人がY大学病院で手術して44日間病暇を出して回復後，通う職場で原状復帰するように助けた．彼には本当にありがたく，このような恩恵は死去しても結草報恩しなければならない．これに対し当人が受け取った贈り物はすべて彼に渡した．その後当人は気が楽だった．彼の表情は見る度に明るくてさわやかな姿に仁慈がいっぱいに満ちていた．
　同じ所の元請けに勤めるP本部長は自分の辦公費で当人と一緒に月に1回ずつ食事の時間を持つ．当人は居心地が悪かった．"本部長が昼食代を2回支払えば私も一度買わなければならないじゃないですか"と抗議の声を上げた．すると彼は"どうせ私のお金でもてなすのではなく，役員業務用カードで支払うので気にしないでください"と話した．彼の親切さに当人は感動した．"この人は身分を問わず対人関係をしているんだな！"と言いながら彼を尊敬するようになった．食事をしながら当人に"博士なのにもう講義もしなければならないと思いますが？"と心配まですると本当に彼は親切な

人生の技術者だった.

　人間関係でお互いに親切な気持ちで仕えながら生きることを当人は大切に思う. 当人は'見知らぬ人に親切にしろ! 彼が変装された天使かもしれない'と毎日思う. 時には見知らぬ人に警戒心を持つことは仕方がない. もちろん第一印象では妙で奇妙な笑いで近づいてきて時間が経つにつれて当人を害する人もいた. 今はそのような人を選び出す知恵の霊と慧眼が生まれ始めた. '私の善良な点を言う人はすなわち私に有害な人だ(道吾善者 是吾賊), 私の悪な点を言う人が私の師匠だ(道吾惡者 是吾師)' 当人にとって時々銘心宝鑑は現在の身の振り方を振り返らせる人生の補薬になっている.

　当人は過去学部で大学の英語の時間に'正直が最善の政策だ(Honesty is the best policy)'という一節を学んだ記憶がある. また職場で仕事をする時も正直に生活することを目標にしている. 　ある日女性客1人が当人に非常に礼儀正しく挨拶をした. 　当人は自分も知らないうちに相手に心ときめく言葉を言った. "先生は花容月泰の外見とチャーミング(charming)とエレガンス(elegance)な姿勢の女性です"と挨拶した. 　その後彼女は天然果汁飲料一箱と手製のおこげを当人にプレゼントした. 私たちがよく知っているように'褒め言葉は鯨も踊る'という言葉を想起する必要がある. だからといって相手に過度に媚諂する必要はない.

　人生の中で多くの人を知る必要はない. 　人間は一人でいる時が一番幸せだ. 　家を出ると人とぶつからなければならない現実で対人関係は無条件に親切でなければならない. 　続いて仕える姿勢で生きるのが心が楽だ. 最近道を歩いていて感じたことだ. 伴侶犬を連れて歩く人が多い. その中で女性の方が多い. 　これは犬が人よりもっと親切だという考えをしてみた. また彼らは不親切な人と一緒に暮らすより伴侶犬と一緒に暮らす方が心が楽だっただろう.

　自分が他人に親切になれる秘訣は他人に頼らない心構えが非常に重要

だ. '所属の尊重'を克服し嬉しくて楽しい人生を作っていかなければならない. 当人は約30年間キリスト教信仰関係で過ごした知人がいた. これまで彼と関係が狂うかと思って聞くのが難しい言葉も我慢して耐えたが, 最近関係を絶った. 最初は後悔する気持ちもあったが, 今は'よくやった!'という気持ちがして嬉しく暮らしている. もう一人は彼との関係を原状回復で望んだが, 当人は断固として断った. これもまたよくやったという気がした. 知恵がなくて自分の内面を満たす活動が足りなかった. 当人とうまく合わない彼と合わせようと努力したが, 心の傷だけが残った.

　他人に親切であってこそ自分の心が楽になるためには新しい挑戦を恐れてはならない. 内面が強くなければならず, 関係する皆に愛される必要はない. すべての決定は自分が慎重に, そして慎重に行うべきだ. 理由もなく自分を非難しても気にせず軽くやり過ごすことができる'親切の技術'を磨かなければならない. 人生を生きてみれば当人に役立つ人はあまりいなかった. 受けるだけで利用して食べようとする人, 嫉妬してお腹を痛める人, 色々な理由で傷つける人などが多かった. 良い贈り物を与えても返してもらえない人はまさに'私'自身だった.

　対人関係でもっと親切になるためには孤独とゆっくりと友達にならなければならない. '孤独とは一人でいる苦痛を表現するための言葉であり, 孤独とは一人でいる楽しさを表現するための言葉だ'と説破したポール.ティリッヒ(Paul Third)の言葉を考えてみる. '人生は一人で行く道'と誰かが言った.

　年を取るほど花のような人柄の香りを持って豊かな心で生きていかなければならない. 老いていくとしても過去にあまり愛着を持たずいつも青春の春の日として生きていかなければならない. 意欲が湧いて活気あふれる人生を若く生きていかなければならない. 湧き出た欲をすべて追い出しいつも平穏な心を持たなければならない. 過去の歳月をすべて楽しく抱き自分の人生を愛しながら生きていかなければならない. 過ぎ去った過去はすべ

て美しく考えこれから来る未来の時刻表ごとに美しい幸せの夢を描かなければならない．その夢を描いた画幅で毎日丸をつけて生きる人生にならなければならない．これが対人関係のやさしい人生の技術者になることだ．

　毎朝鏡を見ると一列ずつ引かれるシワが年を取って人生の経綸として残る時とても軽い気持ちで生きていかなければならない．これを心の金持ちと思って生きていかなければならない．自分が生きてきて残した証をきれいに折って感謝の気持ちを抱いて残りの人生ももっと美しい心を持ちながら大きな喜びで生きていかなければならない．これが幸福の技術だ．人生とは結局一人で行く道だ．生きてきた日々があまりにも多くより長い経綸が積まれたその重さを怒りなく無条件に心で全て分けなければならない．何も心に持たず自然な心に戻らなければならない．白鳥があまりにも平穏に遊ぶこの世で一番青くて穏やかな心の湖一つを胸に作っておかなければならない．これはいつも祈る心から湧き出る心配のない時間として生きていかなければならない．それが人生の最も大きな幸せでなければならない．結局一人でいる人生をうまく扱えば対人関係の親切な技術者になるのだ．

성령(聖靈)의 사람은 죽지 않는다

며칠 전 당인(當人)은 피곤한 몸으로 귀가하였다. 마트에서 구매한 사과와 계란이 한 개씩 상처가 심해서 바꾸려고 집을 나섰다. 사과와 계란을 담은 쇼핑백을 들고 아파트 단지 내 지하 주차장 입구를 걷고 있었다. 그때 소형승용차 한 대가 갑자기 급속도(시속 50km 예상)로 진입하면서 당인을 향해 달려들었다. 그 시각에 들고 가던 쇼핑백이 바퀴에 깔리면서 당인의 몸은 왼쪽으로 빙글빙글 돌면서 승용차에 부딪혔다. 승용차가 급정거하면서 당인은 길바닥에 쓰러졌다. 이때 머리가 너무 어지러워서 누워버렸다. 운전자 A씨와 또 다른 사람 B씨가 쓰러진 당인을 흔들면서 말했다. "이보세요! 괜찮으세요? 좀 일어나보세요! 어떻게 이런 일이…"라고 하면서 구급차와 경찰차를 불렀다. 이 와중에 B씨가 A씨를 향해 "당황하지 말고 차분하게 보험사에 연락해!"라고 말했다.

그 후 경찰차가 와서 경찰 A씨가 당인의 하의 오른쪽 주머니에 있는 지갑을 꺼내어 신분증(주민등록증)을 확인했다. 이어서 구급차가 도착하여 구급대원들의 도움으로 구급차에 태워졌다. 구급차에서 구급대원들은 당인의 신분증 확인을 하고 혈당과 혈압을 체크했다. 사고 현장에서 가까운 K대 병원으로 가는 도중 당인은 '뒷덜미가 아프다'고 호소했다. 구급대원은 즉시 목 보호대를 당인에게 끼워 주었다. K대 병원에 도착하여 약 2시간 동안 CT 검사와 여러 가지 정밀검사를 했다. 이 와중에 소변이 급해서 여간호사가 당인의 하의를 벗기고 누워서 소변을 처리했다. 검사 결과 '이상 없음'으로 나왔다. 담당 의사는 "크게 다치지 않았으니 다행입니다!"라고 말했다. 이어서 보험사에 연락을 해서 원무과에서 결재하고 응급약국에서 약을 받고 퇴원했다. 그 후에도 허리, 양어깨, 뒷덜미, 오른쪽 엉덩이 부문 등의 부위에서 통증이 있어서 다른 병원에서 물리 치료와 침 치료를 받았다. 당시 소지품이었던 쇼핑백 안에 있던 사과와 계란이 박살이 났고, 쇼핑백 끈 두 개가 날아갈 정도로 충격은 컸었다.

   당인은 평소에 시간이 날 때마다 성령께 기도한 덕택에 이렇게 살아 있다. 성령에게 매달려 기도하는 사람은 결코 쉽게 죽지 않는다. 이런 일을 겪고 난 뒤 당인은 생각을 해봤다. 불과 1년 전에 간종양 제거 수술을 해서 모든 간수치가 정상이고, 재발 위험이 없다고 진단이 나왔다. 열심히 살고 있는 당인에게 또 한 번 하늘에서 급하게 데려가려고 하는 이유를 모르겠다. 두 번 실패한 '한자 · 한문특급지도사' 시험에도 합격해야 한다. 사회과학(최종학위 논문) 부문의 단행본(單行本)도 써야 한다. 작가로서 시와 수필 부문의 단행본도 완성해야 한다. 이러한 일을 남겨 놓고 이 세상을 떠나기가 너무 서럽다. '성령(聖靈)'께서 당인을 한 번 더 기회를 주고 살려주셨다. 고맙게 생각한다.

   조급한 성격이 당인에게는 큰 단점이다. 반면에 일 처리에는 시원함과 정리 · 정돈의 신속성으로 마음에는 성취감과 만족감도 동시에 나타난다. '물고기도 내가 원하는 바요, 곰발바닥도 내가 원하는 바이지만, 이 두 가지를 겸하여 얻을 수 없다면 물고기를 버리고 곰발바닥을 취하겠다. 삶도 내가 원하는 바요, 의도 내가 원하는 바이지만, 이 두 가지를 겸하여 얻을 수 없다면 삶을 버리고 의를 취하겠다(魚 我

所欲也 熊掌 亦我所欲也 二者 不可得兼 舍魚而取熊掌者也 生亦我所欲也 義亦我所欲也 二者 不可得兼 舍生而取義者也)'라고 말한 맹자도 당인과 같은 고민을 했을 것이다. 비록 성격의 차이는 있지만, 눈앞에 놓인 일을 미루는 성격보다 즉각적(即刻的)으로 실행하는 것은 장점이 될 수도 있다. 인생의 유람선(遊覽船)은 맹자의 말대로 삶과 의를 동시에 얻을 수 없다. 따라서 당인은 승용차로 가해(加害)한 운전자에게 적개심(敵愾心)보다 감사하는 마음이 들었다. 이러한 마음을 갖게 한 '성령'의 뜻은 무엇인가 고민하게 만들었다.

병원에서 누워서 검사와 진료를 받을 때는 괴롭고 외로웠다. 다른 쪽으로 생각해보면 곧 좋은 일이 일어날 것 같았다. 혹한의 추위 때 뭇사람들은 당인에게 "추워서 어떻게 근무해요?"라고 질문한다. 그때 "이 추운 날씨도 세월이 지나면 곧 무더위가 찾아옵니다. 문제는 추운 날씨가 아닙니다. '세치의 혀'로 사람을 해코지하는 것이 두렵습니다"라고 대답했다. 그다음에는 그들도 "맞습니다"라고 하면서 맞장구쳤다. 여느 때 당인은 아자(兒子) 고객들을 대하면서 "그쪽에 주차하시면 안됩니다"라고 부드럽게 말했다. 그는 큰소리로 "잠깐 주차하고 금방 내려 온다니까…"라고 반말을 했다. 당인은 그 말을 듣고 감정이 격해지는 말을 하지 않았다. 이는 곧 '성령'이 당인에게 충만했기 때문이다.

주말에 휴무를 이용해 O정형외과에 들러서 서류상(진단서, 통원치료확인서)에 질병코드 번호가 미기재되어 있어서 수정을 요구했다. 안내 데스크에 앉아 있는 여직원 한 명이 당인에게 아주 불친절하게 대했다. 이 여직원에게 "질병코드가 미기재되었으니 기재해서 다시 발급해주세요"라고 요구했다. 이 여직원 왈 "질병코드가 없어도 되는데…"라고 반말로 답했다. 조금 화가 난 당인은 "이 서류가 가짜라고 하잖아요!"라고 큰 소리로 말했다. 이에 "누가 그렇게 말해요. 거기 연락처 가르쳐 주세요!"라고 하면서 눈을 부릅뜨고 대들었다. 당인은 속상했다. 이어서 "손님에게 친절하게 대하세요"라고 말했다. 그리고 "'죄송합니다'라는 말 한마디만 하면 될 걸 그렇게 불친절하세요! 내가 잘못 말했나요?"라고 고함을 쳤다. 그녀는 "예! 잘못하셨어요!"라고 말하길래, 당인은 한참 그녀를 쳐다보다가 그 병원을 나왔다. 마을버스를 타고 집으로 돌아오는 길에 한참 생각을 했다. '좀 더 참고 조용히 나올걸!' 하면서 후회하는 마음이 들었다. "오! 성령이여! 나는 손해 보고 살아야 하나요?"라고 기도했다.

 사람이 살아가면서 사람과의 관계에서 가장 중요한 것은 미련한 사람에게 화를 내거나 미워하지 말아야 한다. 반드시 참을성이 있어야 성공한다. 너그러움이 있어야 덕이 커진다. 사람을 선택하는 기로(岐路)에서는 덕행을 닦은 사람을 고르되, 어쩌다 덕을 닦지 못한 사람도 고르게 된다. 어진 사람을 추천하되, 어쩌다 어질지 못한 사람도 이끌어 줄 때도 있다. 사람의 마음을 지극하게 다스림은 꽃답고 향기로워 신명(神明)을 감응케 한다. 제사 지낼 때 제물로 바치는 곡식들이 향기로운 것이 아니라, 밝은 덕이 향기로운 것이다. 당인은 '성령'의 인도로 날마다 부지런히 힘쓰고 감히 편하게 놀려고 생각하지 않았다. '장모왈장 기허기장(獐毛曰長 幾許其長)'이란 말이 있다. 이 말은 '보잘것 없는 재주를 믿고 너무 설치는 사람은 절망(絕望)이 하늘에서 내린다'라는 뜻이다. '다른 사람의 단점을 말하지 말고 자기의 장점을 믿지 말라(莫談他短 靡恃己長)'라는 옛말을 소중하게 기억해야 한다.

 '인생'이란 긴 항로를 저어가려면 수많은 파도를 만나야 한다. 구불구불한 깊은 골짜기의 시냇물을 찾기도 한다. 높낮이가 심한 언덕길을 돌아 고개를 넘어 산수의 아름다움을 즐기기도 한다. 춘하(春夏)에는 나무들이 즐거운 듯이 가지와 잎이 무성하고 꽃은 활짝 피려고 한다. 샘물은 솟아올라 얼음이 녹은 물이 흘러 내린다. 인생에서 왕성한 봄의 숨결을 느끼는 약관(弱冠)의 시절에는 행복이 무엇인지 몰랐다. 만물은 양춘가절(陽春佳節)에 행복해 보이는 모습을 보고 기뻐하는데, 당인은 생명이 점점 쇠퇴(衰退)해 가니 어쩐지 서글픈 생각이 든다. '오! 성령이여! 친절한 정로(正路)로 가게 하옵소서!'라고 기도하면서 흐느꼈다.

  좋은 일이 일어났다고 해서 세상을 다 얻은 양 날뛰지도 말아야 한다. 나쁜 일이 일어났다고 해서 세상이 다 끝난 듯 한숨 쉬지도 말아야 한다. 걱정이나 한탄을 한다고 해서 난제(難題)가 마음먹은 대로 해결되는 것은 아니다. 바람이 불어 흔들 수 있는 것은 물결의 표면뿐이다. 정작 그 깊은 물 속은 미동조차 하지 않는다. 하찮은 말들이 내 입안에서 맴돌 때는 내 것이지만 내 입 밖에 나오는 순간 나를 휘두르는 주인이 된다. 말을 할 때는 삼사일언(三思一言)을 준수해야 한다. 특별히 잘한 것이 없는데, 남들이 칭찬한다고 해서 우쭐해서도 안된다. 또한 잘못한 것이 없는데, 남들이 이러쿵저러쿵 말한다고 안절부절해서는 더더욱 안된다. 지혜로운 사람은 화복의 조짐을 미리 헤아리기에 눈앞의 희비(喜悲)에 연연하지 않는다. 맹자(孟子)는 '모든 일을 행하고서 마음에 만족하지 못함이 있으면 호연지기(浩然之氣)가 굶주리게 된다'고 했다. 즉, 의로운 삶을 살기 위해 노력해야 한다.

  인생의 경륜(經綸)이 쌓이면 추동(秋冬)의 소리를 듣게 된다. 별과 달은 희고 밝게 빛난다. 은하수는 하늘에서 뚜렷하니 비가 오는 소리는 아니다. 사방에 인적이 고요하지만, 나뭇가지 사이에서 '고독(孤獨)'의 소리가 들린다. 추동의 상태는 그 빛이 마음 아프고 담담하며 안개가 걷히고 구름이 사라진다. 추동의 모습은 청명하며 하늘은 높고 해는 투명하다. 추동의 기(氣)는 뼈가 저리도록 차다. 기골(肌骨)을 찌르는 쓸쓸함은 산천까지 적막하다. 인생의 추동은 절박하고 서늘한 느낌이 강해서 큰소리로 부르짖으며 기세 좋게 일어나는 것이다. 풍성한 풀은 짙은 초록색으로 무성하다. 쭉쭉 뻗은 나무들은 적당히 울창하여 보는 눈이 즐겁다. 그 풀도 추기(秋氣)가 한 번 휩쓸면 색이 변한다. 그 나무도 추기를 만나면 잎이 모두 떨어진다. 이와 같이 그 초목들이 부서져 시들고 잎이 쇠하여 떨어지는 까닭은 추기의 힘이 격렬하기 때문이다. 따라서 인생의 추동은 막을 길이 없다. 다만 '세월'의 유람선을 타고 즐겨야 한다. 이것은 오직 '성령'의 사람으로 승화되는 길밖에 없다는 것을 명심해야 한다.

聖霊の人は死なない

　数日前唐人は疲れた体で帰宅した．マートで購入したリンゴと卵が一つずつ傷がひどくて変えようと家を出た．リンゴと卵を入れたショッピングバッグを手にマンション団地内の地下駐車場の入り口を歩いていた．その時小型乗用車1台が急速度(時速50キロ予想)で進入し当人に向かって突進した．その時刻に持っていたショッピングバッグが車輪に敷かれ当人の体は左にくるくる回りながら乗用車にぶつかった．乗用車が急停車し当人は道端に倒れた．この時頭がくらくらして横になってしまった．運転手のA氏と別の人のB氏が倒れた当人を振りながら話した．"ちょっと！大丈夫ですか？ちょっと起きてみてください！　どうしてこんなことが…"と言いながら救急車とパトカーを呼んだ．この渦中にB氏がA氏に向かって"慌てずに落ち着いて保険会社に連絡しなさい！"と話した．

　その後警察車が来て警察A氏が当人の下衣の右ポケットにある財布を取り出し身分証(住民登録証)を確認した．続いて救急車が到着し救急隊員の助けで救急車に乗せられた．救急車で救急隊員たちは当人の身分証を確認し血糖と血圧をチェックした．事故現場から近いK大学病院に行く途中当人は'後ろ首が痛い'と訴えた．救急隊員は直ちに首のサポーターを当人に

はさんだ．K大学病院に到着して約2時間CT検査と様々な精密検査を行った．そんな中小便が急で女性看護師が当人の下半身を脱がせて横になって小便を処理した．検査の結果'異常なし'という結果が出た．担当医師は"大きな怪我はなかったので幸いです!"と語った．続いて保険会社に連絡をして院務課で決裁し応急薬局で薬をもらって退院した．その後も腰，両肩，後ろ首，右尻部門などの部位で痛みがあり他の病院で物理治療と鍼治療を受けた．当時所持品だったショッピングバッグの中にあったリンゴと卵が粉々になり，ショッピングバッグのひも2個が飛ぶほど衝撃は大きかった．

当人は普段時間がある度に聖霊に祈ったおかげでこのように生きている．聖霊にしがみついて祈る人は決して簡単には死なない．このようなことを経験した後当人は考えてみた．わずか1年前に肝臓腫瘍除去手術をしたためすべての肝臓数値が正常であり，再発の危険がないと診断された．熱心に生きている当人にもう一度天から急いで連れて行こうとする理由が分からない．2度失敗した'漢字・漢文特急指導士'試験にも合格しなければならない．社会科学(最終学位論文)部門の単行本も書かなければならない．作家として詩と随筆部門の単行本も完成しなければならない．このようなことを残してこの世を去るのはとても悲しい．'聖霊'が当人をもう一度機会を与え生かしてくれた．ありがたく思う．

せっかちな性格が当人には大きな短所だ．反面仕事の処理には涼しさと整理・整頓の迅速性で心には成就感と満足感も同時に現れる．'魚も私が望むところ，熊の足の裏も私が望むところだが，この二つを兼ねて得ることができなければ魚を捨てて熊の足の裏を取る．人生も私が望むものであり，義も私が望むものであるが，この二つを兼ねて得ることができなければ，人生を捨てて義を取る(魚 我所欲也 熊掌 亦我所欲也 二者 不可得兼 舎魚而取熊掌者也 生亦我所欲也 義亦我所欲也 二者 不可得兼 舎生而取義者也)'と言った孟子も当人と同じような悩みをしたはずである．たとえ性格の違いはあるが，目の前に置かれたことを先送りする性格より即刻的に実行する

ことは長所になりうる．人生の遊覧船は孟子の言葉通り生と義を同時に得ることができない．したがって当人は乗用車で加害した運転者に敵愾心より感謝する気持ちがあった．このような心を持たせた'聖霊'の意味は何か悩ませた．

　病院で横になって検査と診療を受ける時は辛くて寂しかった．他の方向に考えてみるとすぐに良いことが起きそうだった．極寒の時多くの人々は当人に"寒くてどうやって勤務しますか?"と質問する．その時 "この寒い日も歳月が過ぎればすぐに蒸し暑さが訪れます．　問題は寒い天気ではありません.'三寸の舌'で人を傷つけるのが怖いです"と答えた．その後彼らも"そうです"と言って相づちを打った．いつもの当人は兒子の顧客に対して"そちらに駐車してはいけません"と優しく言った．彼は大声で"ちょっと駐車してすぐ降りてくるんだから…"とため口で話した．当人はその話を聞いて感情が激しくなるようなことを言わなかった．これはすなわち'聖霊'が当人に充満したためだ．

　週末に休みを利用してO整形外科に立ち寄って書類上(診断書，通院治療確認書)に疾病コード番号が未記載で修正を要求した．案内デスクに座っている女性職員がその当人にとても不親切にした．この女性職員に"疾病コードが未記載になっているので記載して再発行してください"と要求した．この女性職員曰く"疾病コードがなくてもいいのに…"とタメ口で答えた．少し怒った当人は"この書類が偽物だと言うじゃないですか!"と大声で話した．これに対して"誰がそう言うんですか．そこの連絡先を教えてください!"と言いながら目を見開いて食ってかかった．当人は悔しかった．続いて"お客さんに親切にしてください"と言った．そして"'すみません'という一言だけでいいのに，そんなに不親切なんです! 私が言い間違えましたか"と怒鳴った．彼女は"はい! 間違っています"と言ったので，当人はしばらく彼女を見つめながら病院を出た．村バスに乗って家に帰る途中しばらく考えた."もう少し我慢して静かに出てくればよかった!"と後悔する気持ちになった."ああ!

聖霊よ! 私は損をして生きなければなりませんか"と祈った.

　人が生きていく中で人との関係で最も重要なことは愚かな人に腹を立てたり憎んだりしてはならない. 忍耐力があってこそ成功する. 寛大さがあってこそ徳が大きくなる. 人を選ぶ岐路では徳行を磨いた人を選ぶが, 偶然に徳を磨けなかった人も選ぶことになる. 善良な人を推薦し, 時には善良でない人も導いてくれる時もある. 　人の心をこの上なく治めることは花らしく香り高く神明を感応させる. 　祭祀の時に供え物として捧げる穀物が香るのではなく, 明るい徳が香るのだ. 当人は'聖霊'の導きで毎日勤勉に努めあえて楽に遊ぼうとは思わなかった. '獐毛日長 幾許其長'という言葉がある. この言葉は'つまらない才能を信じてあまりにも下手な人は絶望が天から降る'という意味だ.'他人の短所を言わずに自分の長所を信じる(莫談他短 靡恃己長)'という昔の言葉を大切に記憶しなければならない.

　'人生'という長い航路を漕ぐためには数多くの波に出会わなければならない. 曲がりくねった深い谷間の小川を探したりもする. 高低が激しい坂道を回って峠を越えて山水の美しさを楽しんだりもする. 春夏には木々が楽しそうに枝と葉が茂り花は満開になろうとする. 泉は湧き上がって氷が溶けた水が流れ落ちる. 　人生で旺盛な春の息吹を感じる弱冠の時代には幸せが何なのか分からなかった. 　万物は陽春佳節に幸せそうな姿を見て喜ぶが, 当人は生命がますます衰退していくので何だか悲しい気がする."お! 　聖霊よ! 親切な正路に行かせますように!"と祈りながらすすり泣いた.

　良いことが起きたからといって世の中をすべて得たかのように暴れてはならない. 悪いことが起きたからといって世の中が終わったかのようにため息もついてはならない. 　心配や嘆きをするからといって難題が思い通りに解決されるわけではない. 風が吹いて振れるのは波の表面だけだ. いざその深い水の中は微動だにしない. つまらない言葉が私の口の中でぐるぐる回る時は私のものだが私の口の外に出てくる瞬間私を振り回す主人になる. 話す時は三四一言を遵守しなければならない. 特によくやったことがな

いのに, 他人が褒めたからといっていい気になってはいけない. また何も悪いことをしていないのに, 他人があれこれ言うからといってやきもきしてはいけない. 賢い人は禍福の兆しをあらかじめ察知するため目の前の喜悲に執着しない. 孟子は'すべてのことを行って心に満足できないことがあれば浩然の気が飢えることになる'と話した. つまり, 義理堅い人生を送るために努力しなければならない.

人生の経綸が積もれば秋冬の音を聞くことになる. 星と月は白く明るく輝く. 銀河水は空からはっきりしているので雨の音ではない. 四方に人影が静かだが, 木の枝の間から'孤独'の音が聞こえる. 秋冬の状態はその光が心痛く淡々として霧が晴れて雲が消える. 秋冬の姿は清明で空は高く太陽は透明だ. 秋冬の氣は骨がしびれるほど冷たい. 肌骨を突く寂しさは山川まで寂寞としている. 人生の秋冬は切迫して涼しい感じが強く大声で叫びながら勢いよく起きるのだ. 豊かな草は濃い緑色で茂る. 伸び伸びした木々は適度にうっそうとしていて見る目が楽しい. その草も秋気が一度さらえば色が変わる. その木も秋気になると葉が全部落ちる. このようにその草木が砕け枯れて葉が衰えて落ちる理由は追記の力が激しいためだ. したがって人生の秋冬は防ぐ方法がない. ただ'歳月'の遊覧船に乗って楽しまなければならない. これはただ'聖霊'の人に昇華される道しかないということを銘心を砕くべきだ.

인생의 정전(停電)사고를 극복하려면

 누구나 인생을 살면서 인생의 정전(停電)이라는 사고가 발생되어 어둡고 답답한 터널을 통과하는 시절이 있다. 나의 인생을 돌이켜보면 수많은 인생의 정전사고가 생겨서 힘들고 고달픈 시절이 많았다. 초등학교와 중학교를 다닐 때는 등록금이나 학교에 납부할 돈을 부모님이 주시지 않아서 애를 태우던 시절이 있었다. 또 준비물을 갖추지 못해서 담임 선생님에게 야단을 맞고 우는 때도 여러 번 있었다. 그때는 그렇게 학교에 다니고 싶었다. 이제는 세월이 흘러서 대학원에서 학위공부(博士)를 마치고 학문의 정상(頂上)에서 지금도 공부하고 있다. 공부는 한 인간이 태어나서 불귀(不歸)의 때가 될 때까지 계속해야 한다. 그렇게 해야 인생의 정전사고가 없게 된다.
 영남의 곡지(谷地)인 선산군(현재 구미시 일부)에서 태어난 나의 삶은 그리 평탄하지 못했다. 생모(生母)는 부친에게 쫓겨나 가출하였고, 조모의 슬하에서 성장기를 보냈다. 부친의 색기(色氣)가 너무 심하여 계모(繼母)가 열세 번이나 바뀌었다. 마지막 계모인 S여인은 자신이 낳은 사 남매만 편애(偏愛)하였다. 또 부친은 나를 매섭게 대했고, 계모의 간교(奸巧)한 말에 넘어가 부친에게 수많은 폭력을 행사

당했다. 이것은 동년배의 학생들보다 여러 번 인생의 정전의 사고가 나에게 오래 지속되었다. 인생의 정전에서 인생의 입전(入電)으로 내 환경을 바꾸려고 조모 이씨(李氏)는 힘들게 이 땅에서 사시다가 별세하셨다. 지금도 조모님을 생각하면 갑자기 눈물이 난다. 조모님은 나를 측은지심(惻隱之心)으로 보살펴 주셨다.

열심히 학문에 증진해야 할 지학(志學)의 나이를 지나 약관(弱冠)의 나이에는 대도시(대구)에 나와 양복점에서 숙식하면서 호구지책(糊口之策)으로 연명(延命)하였다. 이때 일단사(一簞食)와 일표음(一瓢飮)의 음식을 먹고 도심의 누항(陋巷)에서 새벽이슬을 맞으며 청소차가 오면 첫인사를 했다. 양복점 기술자 중에서 폭력적이고 다혈질의 성격을 지닌 어떤 사람에게 많이 두들겨 맞고 약육강식(弱肉强食)의 삶을 배웠다. 이어서 이직(移職)하여 "인제 가면 언제 오나? 원통해서 못 살겠네!"라고 예부터 전해온 강원도 인제군 원통리에서 직장생활을 했었다. 날씨도 내륙지역에서 가장 춥고 교통도 좋지 않은 군사지역에 있는 제재소에서 근무한 적이 있었다. 그곳 사장은 지역에서 반건달이었다. 한때 월급도 주지 않고 일을 시켜서 피를 말리는 고통으로 지낸 적이 있었다. 당시에는 노동자의 권익이 너무 열악했었다. 그때 철이 없던 나는 적자생존(適者生存)이란 인생의 정전사고를 경험했다.

무대에서 부르는 가수는 관객과 함께 즐기듯이 자신이 하는 일도 마찬가지다. 손님이나 자주 만나는 고객과 서로 즐기면서 일해야 인생의 정전사고가 생기지 않는다. "큰일이나 작은 일이나 네가 하는 일에 정성을 다하라"라는 도산(島山) 선생의 말을 되새겨야 한다. "인생은 멀리서 보면 희극이요 가까이서 보면 비극이다"라고 말했던 찰스 채프린(Charles Spencer Chaplin Jr)이 생각난다. 한때 모 대형 교회 소속의 기도원에서 직원으로 근무한 적이 있었다. 격무(激務)에 시달려서 허리가 끊어지듯 한 통증을 느껴 한밤중 도립병원 응급실에 구급차로 실려 간 적도 있었다. 그때마다 마음속에 감사(感謝)가 넘치고 있었다. 살아 있음에 감사했다. 인생의 정전에서 인생의 입전으로 변화되는 것에 행복하고 감사했다. 이어서 행복과 자비심, 사랑 등에도 관심을 가지게 되었다.

 왜 자비심이어야 하는가? 자비심은 두 종류의 자비심이 있다. 불교에서 말하는 중생을 사랑하고 가엾게 여기는 마음인 자비지심(慈悲之心)이 그 하나다. 또 다른 종류의 자비심은 스스로 자기 자신을 남보다 낮추어 보거나 못하다고 여기는 마음인 자비심(自卑心)인 것이다. 나는 후자(後者)의 자비심을 논하고자 한다. 자비심은 인간의 생존에 가장 기초가 된다. 그것 때문에 인간의 삶은 진정한 가치를 찾는다. 자비심이 없다면 삶의 기초가 없는 것과 같다. 이는 전자(前者)의 논리에 일치한다. 스스로 낮추고 자신을 남보다 못하다고 생각하는 뜻에는 더욱 발전하고 진취적이며 창조적이고 낭만적으로 살고 싶다는 표현이다. 경쟁사회에서 눈앞에 보이는 신체의 왜소함은 열등의식이 생기게 되지만, 또 다른 지혜로 이 경쟁의 대양(大洋) 속에서 사는 길을 터득하게 된다.

 사랑한다는 것은 상대와 변치 않는 관계를 만들기 위해서 애정과 서로 존중하는 마음이어야 한다. 사랑은 연인이나 배우자, 친구, 낯선 사람 등이 나와 깊고 의미있는 관계를 맺을 수 있는 묘약(妙藥)이 된다. 서로 가까워지는 것에 대해 고립과 외로움을 극복하고자 한다면 조금 손해 본다고 생각해야 한다. 그리고 친절한 마음으로 정성을 다해서 상대를 섬기는 태도가 중요하다. 이것이 인생의 정전사고를 막는 지름길이다.

 행복에 이르는 길은 마음의 수행을 해야 하는데 이는 긍정적인 생각들을 키우고 부정적인 생각을 물리치는 일이다. 이 과정을 통해 진정한 내면의 변화와 행복이 찾아온다. 단순한 지혜는 어떤 순간에 행복이나 불행을 느끼는 점이다. 행복은 그때 상황을 받아들이는 자신이 얼마나 만족하는가에 달려 있다. 지금까지 무엇 때문에 고통을 받고 있는가? 이 고통스러운 본질은 삶의 불가피한 슬픔을 극복하는데 큰 도움이 되고 있다. 이런 삶의 문제들은 올바른 시각으로 행복을 바라보게 해주는 가치있는 방법이다. 결국 인생의 정전사고를 극복하려면 행복을 바라보는 긍정적인 사고를 가져야 인생의 입전이 길게 유지될 것이다.

덧없음에 대한 명상은 삶의 형태가 변화한다. 이 사실을 거부하고 자연스러운 삶과 변화에 저항할수록 고통은 사라지지 않는다. 긍정적인 마음을 바꾸려면 다른 사람이 시기심으로 나를 욕하고 비난해도 나는 기쁜 마음으로 패배해야 한다. 상대가 승리해도 감사하는 마음을 가질 수 있는 자비심이 성장해야 한다. 내가 도와준 사람이 나를 심하게 해칠 때 그를 최고의 스승으로 여기는 도량(度量)이 생겨나야 한다. 생각의 반대편에 있는 것들은 분노와 미움의 파괴적인 영향으로부터 보호받아야 한다. 이에 피난처를 얻을 수 있는 유일한 길은 타인에 대해 인내심과 관대한 마음을 갖는 것이다. 이것이 내가 지키고자 하는 인생철학이고 인생의 정전사고를 막는 방법이다.

삶에 대한 두려움을 극복하려면 두려움으로부터의 자유라는 생각이 필요하다. 행복의 기술은 탐욕의 반대편인 무욕(無慾)이 아니고 만족을 느끼는 마음을 가져야 한다. 내가 큰 만족감을 갖고 있다면 어떤 것을 소유해야 하는가는 문제가 되지 않는다. 행복의 기술을 익히면 어떤 경우에도 누구나 변함없는 만족을 할 수가 있다. 만족함은 곧 인생의 정전사고를 방지할 것이다.

人生の停電事故を克服するには

　誰もが人生を生きながら人生の停電という事故が発生し暗くて息苦しいトンネルを通過する時期がある．私の人生を振り返ってみると数多くの人生の停電事故が生じて大変で苦しい時期が多かった．初等學校と中学校に通う時は授業料や学校に納付するお金を両親がくれなくて困っていた時期があった．また準備物を備えなくて担任の先生に叱られて泣く時も何度もあった．その時はそのように学校に通いたかった．今は歳月が流れ大学院で学位勉強(博士)を終え学問の頂上で今も勉強している．勉強は一人の人間が生まれて不帰の時になるまで続けなければならない．そうしてこそ人生の停電事故がなくなる．

　嶺南の谷地である善山郡(現在亀尾市の一部)で生まれた私の人生はそれほど平坦ではなかった．生母は父親に追い出されて家出し，祖母のもとで成長期を過ごした．父親の色気がひどすぎて継母が13回も変わった．最後の継母であるS女人は自分が産んだ4人兄弟だけを偏愛した．また父親は私に厳しく接し，継母の奸巧の言葉に騙され父親に多くの暴力を振るわれた．これは同年代の学生たちより何度も人生の停電の事故が私に長く続いた．　人生の停電から人生の入電に私の環境を変えようと祖母の李氏は

苦労してこの地で暮らして別世した．今も祖母のことを思うと急に涙が出る．祖母は私を惻隱之心で面倒を見てくれた．
　熱心に学問に増進しなければならない知学の年齢を過ぎて弱冠の年齢には大都市(大邱)に出て洋服店で寝泊りしながら糊口之策で延命した．この時一簞食と一瓢飲の食べ物を食べ都心の陋巷で夜明けに露に当たり清掃車が来れば初めての挨拶をした．洋服店の技術者の中で暴力的で多血質な性格を持つある人にたくさん殴られ弱肉強食の人生を学んだ．続いて移職して"麟蹄に行けばいつ来るのか？　元通で生きていけない！"と昔から伝えられてきた江原道麟蹄郡元通里で職場生活をしていた．　天気も内陸地域で最も寒く交通も良くない軍事地域にある製材所で勤務したことがあった．そこの社長は地元でごろつきだった．一時給料も払わずに仕事をさせて血が乾く苦痛で過ごしたことがあった．　当時は労働者の権益があまりにも劣悪だった．その時分別のなかった私は適者生存という人生の停電事故を経験した．
　舞台で歌う歌手は観客と一緒に楽しむように自分がすることも同じだ．お客さんや頻繁に会う顧客と楽しみながら仕事をしてこそ人生の停電事故が起きない"大変なことも小さなことも君がすることに真心を尽くせ"という島山先生の言葉を再確認しなければならない．　"人生は遠くから見ると喜劇です　間近で見ると悲劇だ"と語ったチャールズ・チェプリン(Charles Spencer Chaplin Jr)を思い出す．一時某大型教会所属の祈祷院で職員として勤めたことがあった．激務に苦しめられ腰が切れるような痛みを感じ真夜中に道立病院の救急室に救急車で運ばれたこともあった．その度に心の中に感謝が溢れていた．生きていることに感謝した．人生の停電から人生の入電に変化することに幸せで感謝した．続いて幸せと慈悲心，愛などにも関心を持つようになった．
　なぜ慈悲心でなければならないのか？慈悲心には二種類の慈悲心がある．仏教で言う衆生を愛し哀れに思う心である慈悲之心がその一つだ．ま

た他の種類の慈悲心は自ら自分自身を人より低く見ることもできないと思う心である慈悲心であるのだ．私は後者の慈悲心を論じたい．慈悲心は人間の生存の最も基礎となる．そのため人間の人生は真の価値を見出す．慈悲心がなければ人生の基礎がないのと同じだ．これは前者の論理に合致する．自らを低め自分を他人より劣ると思う意味ではさらに発展し進取的で創造的でロマンチックに暮らしたいという表現だ．競争社会で目の前に見える身体の矮小さは劣等意識が生じることになるが，また別の知恵でこの競争の大洋の中で生きる道を悟ることになる．

　愛するということは相手と変わらない関係を作るために愛情と尊重し合う心でなければならない．愛は恋人や配偶者，友人，見知らぬ人などが出て深く意味のある関係を結ぶことができる妙薬になる．お互いに近づくことに対して孤立と孤独を克服しようとすると少し損をすると考えるべきだ．そして親切な気持ちで誠意を尽くして相手に仕える態度が重要だ．これが人生の停電事故を防ぐ近道だ．

　幸福への道は心の修行をしなければならないがこれは肯定的な考えを育て否定的な考えを退けることだ．この過程を通じて真の内面の変化と幸せが訪れる．単純な知恵とはある瞬間に幸せや不幸を感じることだ．幸せはその時の状況を受け入れる自分がどれほど満足するかにかかっている．今まで何のために苦しんでいるのか？　この苦しい本質は暮くらしの不可避な悲しみを克服するのに大きく役立っている．このような生活の問題は幸福を正しい視点で見ることができるようにする価値のある方法だ．　結局人生の停電事故を克服するためには幸せを眺める肯定的な思考を持ってこそ人生の入電が長く維持されるだろう．

　虚無に対する瞑想は暮くらしの形が変化する．この事実を拒否し自然な生活と変化に抵抗すればするほど苦痛は消えない．　肯定的な心を変えるためには他の人が嫉妬心で私を悪口を言って非難しても私は嬉しい気持ちで敗北しなければならない．相手が勝利しても感謝の気持ちを持てる慈

悲心が成長しなければならない．私が助けた人が私をひどく傷つける時彼を最高の師匠と思う度量が生まれなければならない．考えの反対側にあるものは怒りと憎しみの破壊的な影響から保護されなければならない．これに　避難處を得ることができる唯一の道は他人に対して忍耐心と寛大な心を持つことだ．これが私が守ろうとする人生哲学であり人生の停電事故を防ぐ方法だ．

　暮くらしに対する恐怖を克服するには恐怖からの自由という考えが必要だ．幸福の技術は貪欲の反対側である無欲ではなく満足を感じる心を持たなければならない．私が大きな満足感を持っているならどれを所有すべきかは問題ではない．　幸せの技術を身につければどんな場合にも誰もが変わらない満足をすることができる．満足することは人生の停電事故をすぐに防ぐだろう．

고난 뒤에는 영광이 온다

　구하(九夏)의 계절에는 햇살이라는 영양제가 있어서 숲속의 녹음이 울창하게 우거진다. 아침에 출근하는데 나무 위에 있던 까치가 갑자기 나에게 가까이 다가왔다. '꺅꺅'거리면서 열심히 나를 쳐다보며 인사했다. 처음에는 한 마리가 인사하더니 차츰 두 마리, 세 마리가 모여서 '꺅꺅'거리면서 지하 램프웨이(rampway)까지 따라오면서 인사했다. "야! 내가 그렇게들 좋아!"라고 말하면서 오른손을 흔들며 화답했다. 오늘 기분 좋은 하루가 되기를 기도하면서 휴게실로 들어왔다.
　지난밤에 J목사와 L목사가 꿈속에 나타났다. 비몽사몽(非夢似夢) 간에 나타난 그들은 무슨 내용인지 말다툼하는 것 같았다. 내용은 전혀 생각이 안난다. 오전 10시가 되니 찌는 듯한 증염(蒸炎)이 찾아왔다. 지하 주차장으로 차가 한꺼번에 너무 많이 들어왔다. 정신없이 만차(滿車) 정리를 한 뒤 지상으로 나왔다. 지상 근무는 지하 근무보다 몇 배나 힘이 든다. 우선 얼굴과 양팔에 선크림을 바르고 선글라스를 끼고 지하 주차장으로 들어가려는 차를 밖으로 내보내야 한다. 점심 식사 후 교대자 S씨가 나에게 말했다. 차로 식당에 온 어떤 여성이 "공사 중에 주차 못한다"라고 내가 말했다고 했다. 기다렸다가

차가 한 대 나오면 그녀를 입차시켜야 한다는 것이다. 그녀가 유료도로 주차장에 주차했는데, 만약 과태료 통지서가 나오면 나에게 책임을 묻겠다고 했다. 그 말을 듣고 참 어이가 없었다. 나는 속으로 "그까짓 것 과태료 내가 내줄께"라고 말했다.

　지난날 일을 더듬어 보자. 장애인 주차장에 비장애인 차량을 주차시킨 실수로 손님 앞으로 나온 과태료 8만 원을 용역회사 I부장이 4만 원 내고, 내가 4만 원을 지불한 적이 있었다. 그런 후 나는 중소기업중앙회 회장(부총리급) 표창장을 수상했다. 인간에게 고난만 주는 게 아니고 영광도 함께 준다는 것을 나는 그때 깨달았다. 그때 나는 그해 유명한 3관왕을 했다. 하나는 정치학 박사를 받았고, 또 하나는 부총리급 표창장을 받았고, 마지막 하나는 시와 수필을 동시에 등단해서 작가가 되었다. 이 모든 것은 고난 뒤에 영광이 온다는 것을 나는 확실히 알게 되었다. 오늘 내가 겪고 있는 이 심려(心慮)는 결코 괴로운 것이 아니고, 장차 다가올 영광을 받게 하려는 것이다.

　하루가 시작되는 첫 시간에 야간 보안직원들이 지하 주차장에 반소등(半消燈)을 해둔 채로 퇴근했다. 이어서 지하 주차장이 어둡다고 민원이 들어와서 스위치 있는 곳을 주간보안 직원에게 가르쳐 주고 왔다. 아직 근무시간 전이었다. 그때 교대자 S씨는 나를 질타(叱咤)했다. 야간보안직원에게 점등(點燈)하라는 말을 '왜 했냐?'라고 질정(叱正)을 했다. "세상에 믿을 사람 한 명도 없다. 이 친구에게 내가 너무 잘 해줬나?"라고 스스로 비하(卑下)했다. 나이가 세 살 더 많아서 늘 '선배님'이라고 존대해줬다. 그런데 내 편은 안들고 자신의 품위만 생각하며 그저 섬삶은 척하는 것이 아닌지 모르겠다.

　일을 잘못한 야간 보안직원에게 알려주는 것이 정석(定石)이 아닌가. 그중에 반장(班長) 하는 한 친구는 나와 오래전부터 성격이 서로 안 맞았다. 그는 나보다 3년 선배라고 거만하게 대했다. 교대자나 야간 보안반장하는 I씨도 성격이 날카롭다. 직장생활은 일을 잘한다거나 못하는 것의 차이는 별로 없다. 핵심은 사람 관계가 원만하면 직장생활은 잘하고 오래 할 수 있다. 이런 일로 스트레스는 받지 않는게 좋다. 직장생활을 한 곳에서 오래 하는 것이 바로 기술이다. 인생을 건강하게 오래 사는 것도 역시 기술이다.

　나 같은 백면서생(白面書生)은 조직을 이끄는 리더십도 없다. 또 내 신체는 남들이 두려워하는 거구(巨軀)도 아니다. 신체가 왜소한 나에게 남들에게 없는 성령의 능력이 나타나야 한다. 이어서 남보다 강력한 핵폭탄의 지혜와 총명이 있어야 한다. 이를 위해 항상 기도한다. 내 생활이 시(詩)가 되고 수필(隨筆)이 되는 것이다. 늘 사람 관계를 대할 때 "삼사일언(三思一言)으로 상대에게 말을 신중하게 하옵소서"라고 성령께 기도한다. 직장에 출근할 때 현관에서 거울을 보고 "성령님! 오늘 전쟁에서 이기고 돌아오게 하옵소서! 필승!"이라고 말하면서 자신에게 거수경례를 한다.

　근무 중에 객인(客人) 한 명은 자신의 뜻대로 목표를 이루지 못하여 분을 삼키지 못했다. 이어서 나를 향해 말을 돌린다고 야단친다. 그 객은 나를 굴슬(屈膝) 시키려고 한다. 그는 아마 간(肝)이 나빠서 단명(短命)할지 모른다. 분노가 치밀어도 참아야 한다. 오늘 하루의 삶을 잘 지내는 것이 바로 일류기술자이다. 어떤 팀장은 팀원들을 괴롭히다가 해고를 당했다. 이어서 젊은 여성 안내직원에게 무심코 정신 나간 성희롱으로 신고당해 해고당한 팀장도 있다. 나는 하늘이 감동하도록 열심히 일을 한다. 손님을 대할 때는 정성껏 섬기지만 지나치게 연옹지치(吮癰舐痔)의 아유(阿諛)는 안한다. 지금의 시간보다 많이 흐른 뒤에는 노후파산은 피해야 한다. 노후의 3대 불안은 돈, 건강, 외로움이다. 이를 극복하려면 일을 꾸준히 해야 한다. 나 자신에게는 성실해야 하고, 전쟁인 경쟁 사회에서는 진실해야 한다. 타인과 비교를 하지 말아야 행복해진다. 장 폴 사르트르(Jean-Paul Sartre)는 "인간은 타인의 눈길에서 지옥을 경험한다"라고 말했다.

시험공부를 할 때는 집중(集中)과 몰입(沒入)으로 진검승부를 걸어야 한다. 평생을 공부한 세종대왕도 54세의 짧은 일생을 마쳤다. 나는 그보다 10년이나 더 살고 있다. 생전에 약주(藥酒)를 애호(愛好)하셨던 부친도 환갑(還甲)을 넘기지 못하셨다. 나는 진갑(進甲)을 넘겨서 고희(古稀)를 향해 살아가고 있다. 정말 감사하다. 무더위도 문제가 없다. 손님들, 관리자들, 동료들이 괴롭혀도 살아 있음에 감사하다. 선의의 경쟁에서 행복을 찾아야 한다. 아름다운 노후가 되어야 한다.

나는 픽션(fiction)을 구사하는 소설을 쓰는 재주가 없다. 그렇다고 정론(定論)을 논하는 글도 윤택하지 못하다. 다만 아름다운 시와 수필이 되도록 멋진 문장으로 다듬고 노력한다. 나는 158cm의 단신(短身)이다. 빅토리아 영국 여왕의 키는 152cm였다. 등소평 중국 총서기의 키는 158cm였다. 조선의 명재상이었던 이원익 대감도 키가 154cm였다. 강감찬 고려 명장은 151cm의 단신이었다. 살아온 경험상 사회생활을 당당하게 하려면 남자는 우선 신체가 크면 기본점수를 따고 들어간다.

하청업에 종사하는 나는 원청에서 지시하면 1차 하청업의 간부가 나를 그 입으로 때린다. 이어서 2차 하청업에서 또 나를 다른 간부가 때린다. 지하주차장이 '만차'라고 말하면 주차를 못하는 손님들은 원청의 간부나 실력자에게 전화를 거는 집단이 언론계 종사자들이다. 그들은 이름도 모르는 언론들이다. 나에게 해악을 주면서 반드시 지하주차장에 입차를 한다. 퇴근 후에 배가 고프고 스트레스가 쌓여서 식사를 된장과 고추장으로 반찬(飯饌)을 먹고 나면 혈압이 오른다. 또 아침에 자고 나면 두통이나 근육통이 생긴다. 물도 많이 마시게 되어 체중이 증가한다. 되도록 싱겁게 먹는 연습을 해야 건강하게 장수한다.

인간의 괴팍(乖愎)한 모습은 그때마다 당사자에게 직접 신경질을 부리는 행동을 취한다. 그래도 이것은 뒤탈이 없어서 좋다. 그러나 원청의 관리자가 하청업 종사자에게 지시를 내려서 나에게 해코지하는 인간은 더 괴팍하고 교활한 인간이다. 결국 그 순간을 참고 견디면 하늘에서 주는 영광은 크게 나타난다. 이것이 고난과 영광의 법칙이 아닌가.

苦難の後には栄光が訪れる

九夏の季節には日差しという栄養剤があり森の中の緑が鬱蒼と茂っている．朝出勤する時木の上にいたカササギが突然私に近づいてきた．'キャーキャー'と言いながら熱心に私を見ながら挨拶した．最初は一匹が挨拶して次第に2匹，3匹が集まって'キャーキャー'と言いながら地下ランプウェイ(rampway)までついてきて挨拶した．"おい！私がそんなに好きなんだ！"と言いながら右手を振りながら応えた．今日は気持ち良い一日になることを祈りながら休憩室に入ってきた．

昨夜J牧師とL牧師が夢の中に現れた．夢うつつの間に現れた彼らはどんな内容なのか言い争っているようだった．内容は全然思い出せない．午前10時になると蒸すような蒸炎が訪れた．地下駐車場に車が一度にたくさん入ってきた．慌ただしく満車の整理をした後地上に出た．地上勤務は地下勤務より何倍も大変だ．まず顔と両腕に日焼け止めを塗りサングラスをかけて地下駐車場に入ろうとする車を外に出さなければならない．昼食後交代者のSさんが私に言った．車で食堂に来たある女性が"工事中に駐車できない"と私が言ったと言った．待ってから車が1台出てくると彼女を入車させなければならないということだ．彼女は有料道路の駐車場に駐車したが

もし罰金通知書が出たら私に責任を問うと言った．それを聞いて本当にあっけにとられた．私は心の中で"そんな罰金は私が払うよ"と言った．
　過去のことをたどってみよう．障害者駐車場に健常者の車を駐車させたミスで客の前に出た過料8万ウォンを用役会社のI部長が4万ウォン払って，私が4万ウォンを支払ったことがあった．その後私は中小企業中央会会長（副総理級）表彰状を受賞した．人間に苦難だけを与えるのではなく栄光も一緒に与えるということを私はその時に悟った．その時私はその年に有名な3冠王になった．一つは政治学博士を受け，もう一つは副総理級表彰状を受け，最後の一つは詩と随筆を同時に登壇して作家になった．このすべては苦難の後に栄光が訪れるということを私は確実に知ることができた．今日私が体験しているこの心慮は決して苦しいことではなく，将来来る栄光を受けさせようとするものだ．
　一日が始まる最初の時間に夜間保安職員たちが地下駐車場に半消灯をしておいたまま退勤した．続いて地下駐車場が暗いと苦情が入りスイッチのあるところを昼間の保安職員に教えてきた．まだ勤務時間前だった．その時交代者のSさんは私を叱咤した．夜間保安職員に点灯するようにという言葉を"なぜしたのか?"と叱正した．"世の中に信じられる人は一人もいない．この傍輩に私があまりにもよくしてあげたかな?"と自ら卑下した．年齢が3才上でいつも'先輩'と尊大してくれた．しかし私の味方ではなく自分の品位だけを考えてただ上品なふりをしているのではないか．
　仕事を誤った夜間保安職員に知らせるのが定石ではないか．その中で班長をしているある友達は私とずいぶん前から性格が合わなかった．彼は私より3年先輩だと傲慢に扱った．交代者や夜間保安班長をするI氏も性格が鋭い．職場生活は仕事が上手だとかできないことの差はあまりない．要は人間関係が円満であれば職場生活はうまくいき長く続けられるということだ．こんなことでストレスは受けない方がいい．職場生活を一ヵ所で長くすることがまさに技術だ．人生を健康に長く生きることもやはり技術だ．

私のような百面書生は組織を率いるリーダーシップもない. また私の身体は他人が恐れる巨軀でもない. 身体が小さい私に他人にない聖霊の能力が現れなければならない. さらに他人より強力な核爆弾の知恵と聡明がなければならない. このためにいつも祈っている. 私の生活が詩になり随筆になるのだ. 常に人間関係に対する時"三思一言で相手に言葉を慎重にしてくださいませ"と聖霊に祈る. 職場に出勤する時玄関で鏡を見て"聖霊様! 今日の戦争に勝って帰って来られますように! 必勝!"と言いながら自分に挙手の礼をする.

　勤務中に客人1人は自分の思い通りに目標を達成できず悔しさを飲み込むことができなかった. 続いて私に向かって話を変えると叱る. その客は私を屈膝させようとする. 彼はおそらく肝臓が悪いので短命するかもしれない. 怒りがこみ上げても我慢しなければならない. 今日一日の暮らしをよくしているのがまさに一流技術者だ. あるチーム長はチーム員たちを苦しめて解雇された. 続いて若い女性案内職員にうっかり気の抜けたセクハラで申告され解雇されたチーム長もいる. 私は空が感動するように一生懸命働く. 客をもてなす時は真心を込めて仕えるが過度に吮癰舐痔の阿諛はしない. 今の時間より多く経った後は老後の破産は避けなければならない. 老後の3大不安はお金, 健康, 寂しさだ. これを克服するためには地道に仕事をしなければならない. 私自身には誠実でなければならず戦争である競争社会では真実でなければならない. 他人と比較をしては幸せになる. ジャン・ポール・サルトル(Jean-Paul Sartre)は"人間は他人の目から地獄を経験する"と話した.

　試験勉強をする時は集中と没入で真剣勝負をかけなければならない. 生涯を勉強した世宗大王も54歳の短い一生を終えた. 私は彼より10年も長生きしている. 生前薬酒を愛好していた父親も還甲を越すことができなかった. 私は進甲を越えて古希に向かって生きている. 本当にありがたい. 猛暑も問題ない. お客さん, 管理者たち, 同僚たちが苦しめても生きていること

に感謝する．善意の競争から幸せを見いださなければならない．美しい老後にならなければならない．

　私はフィクション(fiction)を駆使する小説を書く才能がない．だからといって定論を論じる文も潤沢ではない．　ただ美しい詩と随筆になるように素敵な文章に整え努力する．私は158cmの短身だ．ビクトリア英女王の身長は152cmだった．中国の鄧小平総書記の身長は158cmだった．朝鮮の名宰相だった李元翼大監も身長が154cmだった．姜邯賛高麗名将は151cmの短身だった．生きてきた経験上社会生活を堂々とするためには男性はまず身体が大きければ基本点数を取って入る．

　下請け業に従事する私は元請けで指示すれば1次下請け業の幹部が私をその口で殴る．続いて2次下請け業でまた私を他の幹部が殴る．地下駐車場が'満車'と言えば駐車ができないお客さんは元請けの幹部や実力者に電話をかける集団が言論界従事者たちだ．　彼らは名前も知らない言論だ．私に害悪を与えながら必ず地下駐車場に入車をする．退勤後にお腹がすいてストレスがたまって食事を味噌とコチュジャンで飯饌を食べると血圧が上がる．また朝に寝ると頭痛や筋肉痛が生じる．水もたくさん飲むようになって体重が増える．なるべく薄味に食べる練習をしてこそ健康に長生きできる．

　人間の乖悖な姿はその度に当事者に直接神経質になる行動を取る．それでもこれは後腐れがなくていい．しかし元請けの管理者が下請け業従事者に指示を下し私に害を及ぼす人間はもっと乖悖で狡猾な人間だ．結局その瞬間を耐えて耐えれば天から与えられる栄光は大きく現れる．これが苦難と栄光の法則ではないか．

홋카이도(北海道) 여행에서 얻은 교훈

일본 여행을 두 번째로 가게 된 곳이 바로 홋카이도(北海道)였다. 해외여행을 선택한 목적은 바로 스트레스 때문이었다. 그 스트레스의 원인은 회사에서 약 두 달 동안 지하주차장 보수공사를 하면서 수많은 사람들에게 밟히고 고초를 당했다. 순간적으로 답답한 마음을 풀려고 일본 여행을 떠나기로 결심했다. 2년 전 간종양 제거 수술을 받은 후 나는 어디를 가나 항상 마법병(魔法甁)을 가지고 다닌다. 인천공항 검색대에서 냉수가 가득 찬 이중병(二重甁)이 문제였다. 검색대를 통과하지 못하고 물을 강제로 다 마신 후 출국장으로 갔다. 새벽부터 준비한 사과, 오이, 당근, 삶은 계란, 방울토마토 등 조식(朝食)을 비행기 타기 40분 전에 공항 대기실에서 급하게 먹었다.

비행기를 탑승한 후 창쪽에 앉은 나는 고통의 연속이었다. 물을 많이 마신 관계로 소변이 자주 나와서 실내 쪽에 앉은 부부에게 양해를 구하고 삿포로(札幌)까지 빈뇨(頻尿)로 곤욕을 치렀다. 그들 부부는 의외로 친절했다. 항공기 여행을 할 때는 가급적 물을 적게 마시기로 결심했다. 저가(低價) 항공 여행은 단거리에는 좋지만, 장거리에는 피곤할 것이다. 삿포로 신치토세(新千歲) 공항에 내려서 수화물을 찾고 북해도 입국 절차를 마쳤다. 홋카이도는 대한민국 국토의 80%에 해당하는 넓은 땅이다. 곧이어 관광단체 버스가 도착했다. 승차한 지 10분 후 식당에 도착했다. 맛있는 점심을 먹었다. 일본의 식당 종업원들은 너무나 예의가 바르고 친절했다. 내가 가이드에게 "어쩌면 저렇게 예의가 바르고 친절할까?"라고 말했다. 그 말을 들은 가이드는 빙그레 웃었다. 이어서 "한국 사람들도 저렇게 예의가 바르고 친절했으면 좋겠다"라고 말했다. 가이드는 "선생님! 제가 예의가 없고 불친절하나요?"라고 반문했다. 나는 "아니! 가이드님 빼고요!"라고 말하면서 눈웃음으로 답했다. 식당에서는 닭고기 밥과 두부찌개 같은 된장국을 시원하게 잘 먹었다.

　예컨대 우리는 예의 바름과 친절함에 대해 착각해서는 안된다. 세상살이를 하는데 어느 곳에서나 예의 바름과 친절함이 동시에 존재하기는 참 힘들다. 따라서 친절함에는 마음속에서 우러나오는 정(情)이 있어야 한다. 나와 동행하는 여행자들을 모시는 관광버스 운전사는 과묵한 성격으로 표정은 굳어 있었다. 그의 이름은 나의 질문에 타케자키(竹崎)로 답했다. 그는 내 노트에 요미카타(読み方)를 영어로 'TAKEZAKI'로 써주었다. 또 그는 말이 없고 버스 운전에만 충실했다. 생수를 냉장고에서 100엔(百円)에 팔았다. 시중 마트보다 싸게 여행자 일행에게 제공해 주었다. 그러나 타케자키씨는 그렇게 예의 바르거나 친절한 사람은 아니었다.

　도야(洞爺)호수에서 유람선을 탔다. 어떤 중년 여인이 나에게 "혼자 여행 다니는 것이 외로워 보이네요?"라고 말했다. 나는 그녀에게 "그대가 더 외로워 보이는데요?"라고 답했다. 나는 그녀에게 자신있게 "나는 행복합니다!"라고 말했다. 이어서 "자유롭게 혼자 다니는 여행은 사람을 데리고 다니는 여행보다 더 행복합니다"라고 떳떳하게 말했다. 더 늦기 전에 여행을 많이 다녀야겠다. 새로운 곳에 갈 때마다 사진을 찍고 낯선 사람들에게 정친(情親)을 받는 즐거움도 기분이 좋다. 이번 북해도 여행은 나의 답답하고 우울한 마음을 깨끗이 씻어내는 계기가 되었다. 생명이 멋지게 살아 있다는 것을 만인들에게 보여주었다. "나는 행복하다고…"

저녁 식사를 하기 위해 식당에 들어갔다. 가이드는 내가 식사를 할 때 제일 편한 곳에 지정해주었다. 혼자 식사하는 특권이랄까. 샤브샤브에 여러 가지 야채와 라면을 넣어서 먹었는데 정말 맛이 좋았다. 특히 김치가 너무 맛있어서 과식한 것 같다. 첫날은 사진도 많이 찍었고 행복한 하루였다. 둘째 날 이른 새벽에 북해도 거리를 걸었다. 날씨는 선선한 초가을 날씨였다. 호텔 근처의 주택을 살펴보았다. 모든 주택은 조립식주택으로 깔끔했다. 지난밤은 호텔방에서 에어컨을 계속 가동해서 몸이 무척 추웠다. 나는 한국에서 잠을 잘 때는 이불을 안 덮고 잔다. 어젯밤에는 추워서 이불을 푹 덮고 잤다. 이른 아침에 본 홋카이도의 하늘은 비가 금방 올 듯 잔뜩 흐려 있었다. 깨끗한 주택과 청결한 거리는 정말 최상이었다. 담배꽁초와 쓰레기로 가득한 한국의 주택 주변과 거리를 비교해보면 일본은 진정한 선진국이다. 다음에는 싱가포르를 가보고 싶다. 삿포로의 상징은 북극성이다. 도시의 대로(大路)는 미국의 메사추세츠주(Commonwealth of Massachusetts) 모델을 모방하여 만든 도시이다. 06시에 온천탕에서 목욕을 하고 07시에 제일 먼저 식당에서 기다렸다가 식사를 했다. "오하요우 고자이마스!"라고 식당 종업원에게 먼저 인사를 건넸다. 그들은 정말 친절하고 세심하게 나에게 대접해주고 서비스해주었다.

시키사이노오카(四季彩丘) 꽃밭에서 가이드가 외롭게 앉아서 휴대폰을 보고 있었나. 믹는 걸 좋아한다고 해서 400엔 짜리 음료수를 한 병 사다 주었다. 그녀는 어린아이처럼 좋아했다. 담쟁이넝쿨로 쌓여 있고 가운데 둥근 원 모양의 구멍을 크게 뚫어 놓은 곳에서 사진을 찍었다. 그런데 마주 보고 있던 보라색 유니폼을 입은 여성 3명이 나에게 다가와서 "사진을 같이 찍어도 될까요?"라고 말했다. 나는 "좋습니다!"라고 말했다. 그들은 재빠르게 나에게 다가와서 교대로 3명이 사진을 찍어주었다. 그들 중 한 명의 여성은 "야! 한국인과 사진을 찍는구나!"라고 말하면서 파안대소(破顔大笑)했다. 그 3명의 여성들은 꽃을 가꾸는 홋카이도의 귀염둥이들이었다.

　마코마나이 타키노레이엔(真駒内滝野霊園) 공원에서 너무 더운 날씨라 상가에 들러 땀이 흡수 잘되는 면 T셔츠를 하나 구매했다. 2,420엔에 산 검정색 반팔 셔츠를 구매하는데 점원이 줄자로 내 등 사이즈를 재어서 골라주었다. 일본인들의 특유한 섬세함과 친절함이 돋보였다. 세계인들이 부러워하는 독특한 일본의 3대 기술은 첫째, 해저터널을 뚫는 기술이다. 둘째, 지진을 방지하는 기술이다. 셋째, 바닷물을 정제하는 기술이다.

　홋카이도의 주택들은 겨울에 눈이 많이 오기 때문에 주택의 지붕들이 삼각형으로 뾰족하게 지어져 있었다. 이는 폭설을 대비하는 설계로 철저한 일본인들의 삶이 나타나 있다. 홋카이도는 겨울에 눈이 도로에 아무리 쌓여도 염화칼슘을 뿌리지 않는다. 따라서 도로가 파손된 곳이 없으므로 버스를 타면 승차감이 좋다. 반면, 한국의 도로는 염화칼슘을 많이 뿌려서 곳곳에 파손된 곳이 많다. 그 결과로 버스를 타면 도로가 울퉁불퉁하여 마치 비포장도로 같다. 홋카이도 체류 마지막 날에는 호텔을 나서는데 하염없이 비가 내렸다. 전날 초저녁에 일찍 잠든 탓일까, 한밤중 1시경에 깨어서 소변을 본 후 더 이상 잠을 자지 못했다. 충분한 수면을 취하지 못한 것은 그 시각에 성령께서 기도하라는 뜻인지 모르겠다. 05시에 온천욕을 하고, 06시경 휴대폰에서 CBS라디오를 켰다. '어메이징 그레이스'라는 프로그램을 들었다. 진행자 정민아 아나운서에게 글을 보냈다. "여기는 홋카이도입니다"라고 사연을 보냈는데, 문자로 2만원 짜리 상품권이 왔다. 기분이 너무 좋았다. 07시경 스카이라운지에서 아침 식사를 하려고 하는데 긴 줄로 사람들이 기다리고 있었다. 먼저 과일로 배를 채우고 난 후 밥을 간단하게 먹었다.

여성 가이드는 체격이 비대하고 자신의 얘기를 많이 하면서 지루하게 말하는 달변가(達辯家)였다. 3일 전에 인천공항 접수처에서 70대 부부가 싸우는 모습을 봤다. 부인은 "평생 남편에게 당하고 살았다"고 털어놨다. 옆에서 듣는 나는 불안했다. 혹시 여행을 마치고 돌아갈 때 서로 이혼하지 않을까 염려했다. 그런데 웬일인지 다정스럽게 다니지 않는가? 참 의문이 생겼다. 점심 식사 후에 활화산 구경을 했다. 비가 그치고 땡볕이 장열하게 내리쬐는 살인적인 더위는 더 이상 참을 수가 없었다. 버스에서 가이드가 '본인이 살이 쪘다'고 말했다. 나는 그녀에게 "딱 보기 좋은데요!"라고 말했다. 그녀는 살며시 눈웃음을 보였다.

　3박 4일의 홋카이도 여행을 마치고 인천공항으로 가는 도중 면세점에 들러서 샴푸 한 병을 사려고 했는데, 점원이 가격을 5,000엔으로 요구했다. 너무 비싸서 그만두었다. 이번 홋카이도 여행에서 느낀 점은 마음이 우울하거나 상처가 있다고 해서 해외여행이 해결해주는 것은 결코 아니다. 다만, 여행을 하면서 새로운 마음가짐을 갖는 것이 더 중요하다.

　부부가 서로 살다가 헤어지는 것은 서로가 성격이 다르다는 것이 결코 아니다. 이는 서로가 만족을 위해서 경제적 풍요가 덜 충족되기 때문이다. 돈 때문에 서로 헤어지고, 만남은 이별로 이어진다는 것을 똑바로 알아야 한다. 남자는 돈이 있어야 여자의 마음을 풍족하게 채워주고, 오래 같이 살 수 있다. 특히 현대사회는 그렇다. 가령 A라는 여성을 놓고 사랑을 위해 B라는 남자와 C라는 남자가 경쟁을 벌이는 것도 양육강식(弱肉强食)의 힌 장면이다. 누구나 살아 있다면 경쟁은 필수이다. 생명이 살아있다면 경쟁은 피할 수가 없다. 이것이 홋카이도 여행에서 얻은 교훈이다. 그러므로 하늘과 땅은 만물의 여관이다. 시간은 만대가 지나가는 나그네이다. 뜬구름같은 내 인생은 꿈만 같고, 그 꿈을 기쁨으로 즐기는 때가 얼마나 되겠는가.

北海道旅行からの教訓

　日本旅行を2回目にすることになったのが北海道だった．海外旅行を選択した目的はストレスのためだった．そのストレスの原因は会社で約2ヵ月間地下駐車場の補修工事をしながら多くの人々に踏まれ苦しめられた．瞬間的にもどかしい気持ちを晴らそうと日本旅行に行こうと決心した．2年前に肝臓腫瘍の除去手術を受けた後私はどこへ行ってもいつも魔法瓶を持ち歩く．仁川空港の検索台で冷水が充満した二重瓶が問題だった．検索台を通過できず水を強制的に飲み干した後出国場に行った．明け方から準備したリンゴ，きゅうり，にんじん，ゆで卵，ミニトマトなどの朝食を飛行機に乗る40分前に空港の待合室で急いで食べた．

　飛行機に乗った後窓の方に座った私は苦痛の連続だった．水をたくさん飲んだ関係で尿が頻繁に出て室内側に座った夫婦に了解を得て札幌まで頻尿でひどい目にあった．彼ら夫婦は意外と親切だった．航空機旅行をする時はなるべく水を少なく飲むことに決心した．低價航空旅行は短距離にはいいが長距離には疲れるだろう．札幌の新千歳空港で手荷物を受け取り北海道への入国手続きを終えた．北海道は大韓民国国土の80％に当たる広い土地だ．まもなく観光団体バスが到着した．乗車して10分後に食堂

に到着した．おいしいひるごはんをたべた．日本のレストランの従業員はとても礼儀正しく親切だった．私はガイドに"どうしてあんなに礼儀正しく親切なんだろう?"と言った．それを聞いたガイドはにっこりと笑った．続いて"韓国人もあんなに礼儀正しく親切であってほしい"と話した．ガイドは"先生! 私は礼儀知らずで不親切ですか?"と反問した．私は"いや! ガイドさん以外です!"と言いながら微笑みで答えた．食堂では鶏肉のご飯と豆腐チゲのような味噌汁をあっさり食べた．

　例えば私たちは礼儀正しさと親切さについて勘違いしてはいけない．世の中の暮らしをするのにどこでも礼儀正しさと親切さが同時に存在することは本当に難しい．したがって親切さには心の中から湧き出る情がなければならない．　私と同行する旅行者を案内する観光バスの運転手は無口な性格で表情はこわばっていた．彼の名前は私の質問に竹崎で答えた．彼は私のノートに読み方を英語で"TAKEZAKI"で書いてくれた　また彼は無口でバスの運転にだけ忠実だった．生水を冷蔵庫で100円で売った．市中のスーパーより安く旅行者一行に提供してくれた．しかし竹崎さんはそれほど礼儀正しい人や親切な人ではなかった．

　洞爺湖水で遊覧船に乗った．ある中年女性が私に"一人旅が寂しそうですね"と言った．私は彼女に"あなたの方が寂しそうに見えますね"と答えた．私は彼女に自信を持って"私は幸せです!"と言った．続いて"自由に一人で通う旅行は人を連れて通う旅行よりもっと幸せです"と堂々と話した．もっと老ける前に旅行にたくさん行かなければならない．新しい所に行くたびに写真を撮り見知らぬ人たちに情親を受ける楽しさも気分がいい．今度の北海道旅行は私のもどかしくて憂鬱な心をきれいに洗い流す契機になった．生命が見事に生きていることを万人に見せた．"私は幸せだと..."

　夕食のために食堂に入った．ガイドは私が食事をする時一番楽なところに指定してくれた．一人で食事をする特権というか．しゃぶしゃぶにいろんな野菜とラーメンを入れて食べたけど本当においしかった．特にキムチが

とてもおいしくて食べ過ぎたようだ．初日は写真もたくさん撮ったし幸せな一日だった．2日目の早朝北海道の街を歩いた．天気は涼しい初秋の天気だった．ホテルの近くの住宅を調べた．すべての住宅はプレハブできれいだった．昨夜はホテルの部屋でエアコンをつけっぱなしで体がとても寒かった．私は韓国で寝る時は布団をかけずに寝る．昨夜は寒くて布団をすっぽりかぶって寝た．　早朝に見た北海道の空は雨がすぐに降りそうにどんよりと曇っていた．きれいな住宅と清潔な街並みは本当に最高だった．タバコの吸殻とゴミでいっぱいの韓国の住宅周辺と距離を比較してみると日本は真の先進国だ．今度はシンガポールに行ってみたい．札幌の象徴は北極星だ．都市の大通りはアメリカのマサチューセッツ州(Commonwealth of Massachusetts)モデルを模倣して作られた都市である．06時に温泉でお風呂に入って07時に一番先に食堂で待ってから食事をした．"お早うございます!"と食堂の従業員にまずあいさつをした．彼らは本当に親切で細心の注意を払って私にもてなしサービスしてくれた．

　四季彩丘花畑でガイドが寂しく座って携帯電話を見ていた．食べるのが好きだということで400円の飲み物を1本買ってきてくれた．彼女は子供のように喜んだ．ツタの蔓で積み上げられていて中央に丸い円状の穴を大きく開けておいたところで写真を撮った．ところが向かい合っていた紫色のユニフォームを着た女性3人が私に近づいてきて"写真を一緒に撮っても良いですか?"と話した．私は"いいですね!"と言った．彼らはすばやく私に近づき交代で3人が写真を撮ってくれた．彼らのうちの1人の女性は"おい! 韓国人と写真を撮るんだ!"と言いながら破顔大笑いした．その3人の女性たちは花を育てる北海道のかわいい子たちだった．

　真駒内滝野霊園公園で暑すぎて商店街に立ち寄り汗を吸収しやすい綿のTシャツを一枚購入した．2,420円で買った黒い半袖シャツを買うが店員がメジャーで私の背中のサイズを測って選んでくれた．日本人特有の繊細さと親切さが目立った．世界の人々が羨む独特な日本の3大技術は第一に，

海底トンネルを掘る技術だ．第二に，地震を防止する技術である．第三に，海水を精製する技術だ．
　北海道の住宅は冬に雪がたくさん降るため住宅の屋根が三角形に尖っていた．これは大雪に備える設計で徹底した日本人の暮らしが現れている．北海道は冬に雪が道路にいくら積もっても塩化カルシウムを撒かない．したがって道路が破損したところがないためバスに乗れば乗り心地が良い．一方，韓国の道路は塩化カルシウムを多く撒いてあちこちに破損した所が多い．その結果バスに乗ると道路がでこぼこしていてまるで未舗装道路のようだ．北海道滞在最終日にはホテルを出るのにとめどなく雨が降った．前日の夕方に早く寝たせいか，夜中の1時頃に目が覚めて小便をした後それ以上眠ることができなかった．充分な睡眠をとれなかったのはその時刻に聖霊が祈れという意味なのか分からない．05時に温泉に入って，06時頃携帯でCBSラジオをつけた．'アメージンググレイス'というプログラムを聞いたを聞いた．司会者のチョンミナアナウンサーに文を送った．"ここは北海道です"とお便りを送ったところ，メールで2万ウォンの商品券が届いた．とても気分が良かった．07時頃スカイラウンジで朝食を取ろうとしたら長い列で人々が待っていた．まず果物でお腹を満たしてからご飯を簡単に食べた．
　女性ガイドは体格が肥大し自分の話をたくさんしながら退屈に話す達弁家だった．3日前に仁川空港の受付で70代の夫婦が喧嘩する姿を見た．妻は"一生夫にやられて生きてきた"と打ち明けた．傍で聞く私は不安だった．或是 旅行を終えて帰る時お互いに離婚するのではないかと心配した．ところでなぜか仲良くしていないのか？本当に疑問が生じた．昼食後に活火山見物をした．雨がやんで炎天下に照りつける殺人的な暑さはもう我慢できなかった．バスでガイドが本人が太った'と言った．私は彼女に"ちょうどいいね!"と言った．彼女はそっと微笑みかけた．
　3泊4日の北海道旅行を終えて仁川空港に向かう途中免税店に寄ってシャンプー1本を買おうとしたが，店員が価格を5000円と要求した．高すぎて

やめた．今回の北海道旅行で感じたことは心が憂鬱だったり傷があるからといって海外旅行が解決してくれるわけでは決してない．ただ，旅行をしながら新しい心構えを持つことがもっと重要だ．

　夫婦がお互いに暮らして別れるのはお互いに性格が違うということでは決してない．これはお互いが満足のために経済的豊かさがあまり満たされないためだ．お金のためにお互いに別れ，出会いは別れにつながるということを正しく知らなければならない．　男はお金があってこそ女の心を豊かに満たし，長く一緒に暮らすことができる．特に現代社会はそうだ．例えばAという女性をめぐって愛のためにBという男性とCという男性が競争を繰り広げるのも弱肉強食の一場面だ．誰もが生きていれば競争は欠かせない．生命が生きていれば競争は避けられない．　これが北海道旅行からの教訓である．だから天と地は万物の宿である．時は万代の旅人である．浮雲のような私の人生は夢のようでその夢を喜びで楽しむ時がどれほどあるだろうか

독후감(讀後感)

문예빛단 65호 가을호에 실린 권두시(卷頭詩)인 김홍신 작가의 '겪어보면 안다'를 읽었다. 대한민국 문인 중에서 김홍신 작가를 모르는 사람이 없다. 그는 '인간시장'이란 소설로도 유명하며, 국회의원도 한 작가이다. 직설적 화법으로 반대편 세력에게 공격도 당했다. '겪어보면 안다'라는 시는 문예지에 실리기 전부터 작가 자신이 방송에서 많이 이 시를 읊었다.

굶어보면 안다 밥이 하늘인걸
목마름에 지쳐보면 안다 물이 생명인걸
일이 없어 놀아보면 안다 일터가 낙원인걸

나는 청춘 시절에 실업자가 된 적이 많이 있었다. 그때 일터인 회사를 자주 그만두고 새 일터를 찾는 데 열심이었다. 하지만 그 일터가 낙원인 줄을 몰랐다. 이순(耳順)이 넘은 현재의 나이에 일터가 낙원이고 천국임을 알게 되었다.

아파보면 안다 건강이 엄청 큰 재산인걸
　잃은 뒤에 안다 그것이 참 소중한걸
　이별하면 안다. 그이가 천사인걸

　나는 2년 전에 세브란스병원에서 간암 2기(초기) 진단을 받고 9일간 입원하여 간(肝) 절반을 절단하는 대수술을 받았다. 그 후 건강이 소중한 것을 알았다. 또한 8년 동안 사랑했던 사람과 이별을 했었다. 그녀가 천사인 줄을 이제야 알았다.

　지나보면 안다 고통이 추억인걸
　불행해지면 안다 아주 작은게 행복인걸
　죽음이 닥치면 안다 내가 세상에 주인인걸

　나는 유년 시절에 친모가 집을 나가 조모 슬하에 자랐다. 부친의 주폭(酒暴)으로 불행한 시절이 있었다. 그것이 추억인 것을 이제야 알았다. 그러므로 문예빛단 65호에 실린 김홍신 작가의 권두시인 '겪어보면 안다'라는 이 시를 읽고 나는 매번 추억의 눈물을 흘렸다. 주옥같은 시를 쓴 작가에게 경의를 표한다. 아울러 문예빛단 65호를 만든 편집부 일동에게도 감사를 표한다. 나는 문예빛단 65호 책에 대한 감동과 감사의 마음으로 이 책에 대한 애착이 많다. 향후 문예빛단의 무궁한 발전이 있기를 간절히 기도해본다.

読後感

　文芸光団65号の秋号に掲載された巻頭詩であるキムホンシン作家の'体験してみればわかる'を読んだ．大韓民国の文人の中でキムホンシン作家を知らない人はいない．彼は'人間市場'という小説でも有名で，国会議員も一人の作家だ．直説的な話法で反対側の勢力に攻撃された．'経験してみればわかる'という詩は文芸誌に載せられる前から作家自身が放送で多くこの詩を詠んだ．

　　飢えれば分かる ご飯が空なんだから
　　喉の渇きに疲れてみればわかる 水が命なの
　　仕事がなくて遊んでみればわかる 仕事場が楽園なんだから

　私は青春時代に失業者になったことがたくさんあった．その時仕事場である会社をよく辞めて新しい仕事場を探すことに熱心だった．しかしその仕事場が楽園だとは知らなかった．耳順が過ぎた現在の年齢で仕事場が楽園であり天国であることを知ることになった．

病気になったらわかるよ 健康がすごく大きな財産なんだから
失った後に分かる それが本当に大切なの
別れれば分かる 彼が天使なんだもん

　私は2年前にセブランス病院で肝臓癌2期(初期)の診断を受け9日間入院して肝臓の半分を切断する大手術を受けた．その後健康が大切であることを知った．また8年間愛した人と別れたこともある．彼女が天使だと今になって分かった．

過ぎてみればわかる 苦痛が思い出なんだ
不幸になればわかる ほんの小さなことが幸せなの
死が迫ると分かる 私が世の中の主人であることを

　私は幼少期に実母が家を出て祖母のもとで育った．父親の酒暴で不幸な時期があった．それが思い出であることが今になって分かった．それで文芸光団65号に載せられたキムホンシン作家の巻頭詩である'体験してみればわかる'というこの詩を読んで私は毎回思い出の涙を流した．珠玉の詩を書いた作家に敬意を表する．　また文芸光団65号を作った編集部一同にも感謝の意を表する．　私は文芸光団65号の本に対する感動と感謝の気持ちでこの本に対する愛着が多い．今後文芸光団の限りない発展があることを切に祈ってみる．

성령과 산책

온종일 지하 주차장에서 자동차 매연 및 차주들과 상박(相撲)하다가 퇴근할 때 기분은 수백 미터 속에 있는 탄광에서 나오는 기분이다. 초저녁 하늘을 보니 그 순간은 잠시나마 행복한 마음이 들었다. 휴게실에서 같이 쉬는 젊은 친구들의 피로에 쌓인 험악한 얼굴을 보는 것도 나는 매우 불편했다. 이제는 내 나이가 황혼기에 접어들면서 오래 서 있다 보면 족저근막염도 생겨서 발을 디딜 때마다 발이 아파 온다.

어찌하랴! 육신의 장막이 끊어질 때까지 열심히 살아야 한다. 나는 천국을 믿으려고 노력한다. 하지만 이 땅에 사는 현재의 고달픔 속에 이 순간마저 행복하지 못한다면 무슨 좋은 천국을 기대할 수 있겠는가.

예컨대, 일터인 지하 주차장에서 차가 적당히 들어오도록 기도하는 것이나, 봄이 아프지 않게 해달라고 기도하는 것도 현실 속에서 천국을 소망하는 일일 것이다. 때마다 숨 쉬듯이 정신을 가다듬고, 신체의 강건함을 소원하는 기도는 시냇물이 졸졸 흐르듯이 소원을 빌어야 한다.

TV 뉴스에서 집권자와 반대편 도전자와의 끊임없는 정국(政局) 갈

등을 보면, 마음이 우울하고 그들의 모습이 싫증 난다. 어떤 정치인은 '국민'을 위한다면서 자신의 대권을 위해 거리에서 집단시위를 하는 것도 이제는 정말 보기 싫다. 자신의 영달을 위해 비를 맞으며 헌법에 보장된 대통령의 임기를 파괴하는 행동은 이제 그만하기를 바란다.

피로가 쌓인 퇴근길의 만원 버스에서 서 있다가 앉을 자리가 생기면 그렇게 기쁘고 즐겁다. 정말 나이를 먹은 탓일까. 모 대학의 명예교수는 북한에서 대한민국으로 넘어와서 현재 105세까지 건강하게 살고 있다. 그 교수는 "아직도 버스에서 서 있는 것에 두려워하지 않는다"라고 말하는 것을 들었다. 그 어른에 비하면 나는 이제 겨우 반밖에 인생을 살지 않았는데, 이렇게 나약할 수 있을까. 다시 한번 마음을 새롭게 다져 본다.

직장에서 손님 가운데 나에게 친절을 베푸는 사람도 많이 있다. 그 이유는 내가 그들에게 항상 칭찬을 아끼지 않는다. 그 이유는 "칭찬은 고래도 춤을 추게 한다"라는 말을 늘 머릿속에 간직하기 때문이다. 내가 남들에게 칭찬하는 것도 오랫동안 초대형교회의 직원으로 있으면서 성령의 음성을 듣고 성장한 결과이기도 하다. 험한 직장생활에서 늘 경쾌한 노래를 부르면서 사는 것도 모두 성령이 나와 산책을 한 덕분이다. 오늘도 내일도 성령과 동행하면 시온(Zion)의 대로가 열릴 것이다. 나는 남은 인생에서 오직 성령과 함께 오색 무지개가 뜨는 푸른 풀밭을 산책하기로 굳게 맹세해본다.

聖霊と散歩

　一日中地下駐車場で自動車煤煙及び車の持ち主と相撲して退勤する時の気分は数百メートルの中にある炭鉱から出てくる気分だ．宵の空を見るとその瞬間は少しでも幸せな気持ちになった．休憩室で一緒に休む若い人たちの疲れに積もった険悪な顔を見るのも私はとても不便だった．もう私の年が黄昏期に入り長く立っていると足底筋膜炎も生じて足を踏み入れる度に足が痛くなる．

　どうしよう！　肉体のカーテンが切れるまで一生懸命生きなければならい．私は天国を信じようと努力する．しかしこの地に住む現在の苦しみの中でこの瞬間さえ幸せでなければ何の良い天国が期待できるだろうか．

　例えば，仕事場である地下駐車場で車が適当に入ってくるように祈ることや，体が痛くならないように祈ることも現実の中で天国を願うことだろう．その度に息をするように精神を整え，身体の強健さを願う祈りは小川がちょろちょろ流れるように願いを祈るべきだ．

　テレビニュースで政権側と反対側の挑戦者との絶え間ない政局葛藤を見ると，心が憂鬱で彼らの姿に嫌気がさす．ある政治家は'国民'のためだと言って自分の大權のために街頭で集団デモをすることも今は本当に見たくな

い．自分の栄達のために雨に降られながら憲法に保障された大統領の任期を破壊する行動はもうやめてほしい．

　疲れがたまった仕事帰りの満員バスで立っていて座る席ができるとそんなに嬉しくて楽しい．本当に年を取ったせいだろうか．某大学の名誉教授は北朝鮮から大韓民国に渡り，現在105歳まで健康に暮らしている．その教授は"まだバスの中に立っていることを恐れていない"と言うのを聞いた．その大人に比べれば私はやっと半分しか人生を生きていないのにこんなに弱気になれるだろうか．もう一度心を新たにしてみる．

　職場でお客さんの中で私に親切にしてくれる人もたくさんいる．その理由は私が彼らにいつも賞賛を惜しまないからだ．その理由は'褒め言葉はクジラも踊らせる'という言葉をいつも頭の中にしまっているからだ．私が他人に褒めるのも長い間超大型教会の職員としていながら聖霊の声を聞いて成長した結果でもある．厳しい職場生活でいつも軽快な歌を歌いながら生きることも全て聖霊が出て散歩をしたおかげだ．今日も明日も聖霊と同行すればシオン(Zion)の大通りが開かれるだろう．私は残りの人生でただ聖霊と共に五色の虹が浮かぶ青い草地を散歩することを固く誓ってみる．

나의 유소년기

나는 산등성이에 올라 붉게 떠오르는 석양을 향하여 "이곳을 떠나 서울에서 살고 싶다"라고 혼잣말로 중얼거렸다. 아침에 자고 나면 새엄마가 다른 사람이었다. 이 형편을 팔자소관(八字所關)이라고 하던가.

동이 트기 전인 새벽녘에 소나무 사이로 운무(雲霧)가 가득하여 앞이 칠흑같이 어두웠다. 새엄마는 이웃집에 빌려준 돈 4천 원을 받으러 새벽 단잠을 깨어 나를 보냈다. 나는 순종해서 그 돈을 받아 왔다. 그 후 조부가 새엄마에게 부질(鉄鑕)에 소여물을 썰면서 화를 내시고 야단치는 모습을 보았다. 새엄마는 조부에게 고두사죄(叩頭謝罪)했다.

조부께서 만들어 주신 꼴망태를 메고 목초(牧草)를 베어서 한 손에는 낫을 들고 소를 몰고 집으로 돌아오는 일도 있었다. 그때 나이는 만 7세였다. 그때 무성한 목초를 베려고 나무 밑에 가서 낫을 드는데 독사가 똬리를 틀고 있었다. 나는 깜짝 놀라서 뒤로 넘어졌다. 결국 집에 와서도 독사가 눈에 자꾸 나타나서 잠을 이루지 못했다. 나는 누구보다도 뱀을 무서워했다.

초등학교 입학하기 직전의 나이에 나는 집에 가기가 싫었다. 그 이유는 열세 번째 새엄마가 나를 괴롭혔기 때문이다. 나는 하루에도 몇 번씩 눈물을 흘리곤 했다. 새엄마는 한번 결혼한 여자였고 음탕한 여자였다. 부친이 만취해서 귀가가 늦으면 윗집에 사는 젊은 유부남과 바람을 피웠다. 부친은 그 남자를 칼로 찔러서 경찰이 온 적도 있었다. 부친은 여성 편력과 보기 드문 난봉꾼이었다.

나는 초등학교 3학년 때 동전 500원을 잃어버렸다. 부친이 돈을 찾아오라고 야단을 쳤다. 지금도 고인이 되신 부친에게 안 좋은 감정이 있다.

나는 동리 중앙에 있던 우물가에서 알몸으로 목욕을 한 적이 있었다. 귀신 들린 여자가 내 중요 부위를 강제로 잡아당겼다. 나는 성장하면서 마음에 상처를 안고 여자를 보는 시선이 부정적으로 판단하게 되었다.

나는 늦은 밤 학교에서 귀가하다가 옆집에 사는 한 살 많은 선배에게 폭행을 당했다. 나는 키는 작았지만 오기(傲氣)가 있었다. 나는 그가 때리면 맞아가면서 계속 덤볐다. 그 장면을 보던 그의 당숙모(堂叔母)가 구경하면서 적극적으로 말리지 않았다. 나는 집에 와서 키가 작은 것을 한탄했다. 남자는 키가 작으면 기본점수가 50점이 깎이는 것을 그때부터 알게 되었다. 그의 조모도 나의 조모를 지마(脂麻) 나무 묶은 것으로 때렸다. 나는 그의 조모 팔을 물어뜯었다. 결국 그 싸움은 끝났다. 조모는 나의 담대한 행동에 감동하셨다.

부친은 목화밭에서 잡풀을 뽑으시다가 아주 독한 살모사에게 물렸다. 나는 건너편에서 있던 건장한 두 남자에게 구조를 요청해서 부친을 살렸다. 그 다급한 상황에서도 부친은 그 살모사를 즉시 잡아서 내장을 벗겨내고 빨랫줄에 달았다. 동네 할머니들은 부친이 뱀에게 물린 자국을 입으로 빨아서 살모사 독이 흘러나왔다. 그리고 머리카락을 잘라서 독이 위로 올라가지 못하게 부친 다리를 묶었다. 부친은 이를 악물고 아픔을 견디셨다.

　나는 유소년(幼少年)때 부터 허리가 많이 아팠다. 그럴 때마다 조모는 민간요법을 썼다. 조모는 화장실에서 대변을 떠서 베보자기에 짜서 막걸리에 배합(配合)한 것을 강제로 나에게 먹이셨다. 그렇다고 나의 그 아픈 허리가 상쾌하게 치료된 건 아니었다. 내가 그 허리 아픈 원인은 막내 숙부의 색맹(色盲) 때문이었다. 마당에 있던 감나무에서 홍시가 열렸는데 숙부가 나를 시켜서 나무에 올라가 홍시를 따오라고 했다. 나는 홍시를 따서 숙부에게 드렸다. 숙부는 홍시가 아니라고 짜증을 내면서 어리고 연약한 나를 번쩍 들어서 꽁꽁 얼어붙은 거름더미 위에 던졌다. 그 후부터 나는 허리가 아프기 시작했다.

　나는 14살이 되던 그해 3월에 햇살이 맑고 고운 어느 날 중학교에 입학을 했다. 학교는 동리에서 야산을 두어 개나 넘어 30리 길이나 떨어져 있었다. 면에서는 맨 처음 신설된 중학교였다. 나는 중학교 교과서를 푸른색 책보자기에 싸서 대각선으로 등에 메고 등하교를 했다.

　나의 재종(再從)이 만취하여 조모에게 말했다. 그는 '내가 전교에서 3등을 했다'는 말을 전해 들었다고 했다. 동리에서 내가 공부를 잘한다는 소문이 퍼졌다.

　여름 방학 때 어느 날 고종사촌이 나를 찾아왔다. 그녀는 나와 동갑(同甲)내기였다. 그녀는 유독히 나를 좋아하고 잘 따랐다. 세월이 흘러 이제 그녀도 할머니가 되었을 것이다.

私の幼少期

　私は尾根に登り赤く浮かび上がる夕日に向かって"ここを離れてソウルで暮らしたい"と独り言をつぶやいた．朝寝たら継母が別人だった．この状況を'八字所關'と言うか．
　夜明け前の明け方に松の間に雲霧がいっぱいで前が漆黒のように暗かった．継母は隣の家に貸したお金4千ウォンをもらうために明け方に熟睡をして私を送った．私は従順でその金を受け取ってきた．その後祖父が継母に鉄鑽に牛飼い葉を切りながら怒って叱る姿を見た．継母は祖父に叩頭謝罪した．
　祖父が作ってくれた草かごをして牧草を切って片手には鎌を持って牛を連れて家に帰ることもあった．その時は満7歳だった．その時生い茂った牧草を刈ろうと木の下に行って鎌を手にしたが毒蛇がとぐろを巻いていた．私はびっくりして後ろに倒れた．結局家に帰ってきても毒蛇が目に何度も現れて眠れなかった．私は誰よりもヘビを怖がっていた．
　初等学校に入学する直前の年で私は家に帰りたくなかった．その理由は13番目の継母が私を苦しめたからだ．私は1日に何度も涙を流したものだ．継母は一度結婚した女性で淫らな女性だった．　父親が泥酔して帰宅が遅

れると上の隣家に住む若い既婚者と浮気をした．父親はその男をナイフで刺して警察が来たこともあった．父親は女性遍歴と珍しい遊び人だった．

　私は初等学校3年生の時小銭500ウォンをなくした．父親が金をおろして来いと叱った．今も故人になった父親に悪い感情がある．

　私は東里の中央にあった井戸端で裸でお風呂に入ったことがあった．幽霊に取り憑かれた女が私の重要部位を無理やり引っ張った．私は成長しながら心に傷を抱いて女性を見る視線が否定的に判断するようになった

　私は夜遅く学校から帰宅する途中隣に住む1歳年上の先輩に暴行を受けた．私は背は低かったが意地があった．私は彼が殴られると殴られながら飛びかかった．その場面を見ていた彼の堂叔母が見物しながら積極的に止めなかった．私は家に帰って背が低いことを嘆いた．男は背が低いと基本点が50点削られることをその時から知るようになった．彼の祖母も私の祖母を脂麻木を縛ったことで殴った．私は彼の祖母の腕をかみちぎった．結局その戦いは終わった．祖母は私の大胆な行動に感動した．

　父は綿畑で雑草を抜いていたが非常にきつい蝮に噛まれた．私は父親を助けるために向こうの2人のたくましい男に助けを求めた．その切羽詰った状況でも父親はその蝮をすぐに捕まえて内臓を取って洗濯ひもにつけた．村のおばあさんたちは父親がヘビに噛まれた跡を口で吸って蝮毒が流れ出た．そして髪の毛を切って毒が上に上がらないようにした足を縛った．父は歯を食いしばって痛みに耐えた．

　私は幼少年の時から腰がとても痛かった．その度に祖母は民間療法を使った．祖母はトイレで大便をして麻布で絞りマッコリに配合したものを無理やり私に飲ませた．だからといって私のその痛い腰がさわやかに治療されたわけではなかった．私がその腰の痛い原因は末の叔父の色盲のためだった．庭にあった柿の木で熟柿が開かれたが叔父が私に頼んで木に登って熟柿を取って来いと言った．私は熟柿を取って叔父に差し上げた．叔父は熟柿ではないと腹を立てながら幼くて弱い私を持ち上げて凍りついた肥や

しの山の上に投げた. それから私は腰が痛くなり始めた.

　私は14歳になったその年の3月に日差しが澄んできれいなある日中学校に入学した. 学校は東里で野山を二つも越え30里の道も離れていた. 面では最初に新設された中学校だった. 私は中学校の教科書を青い布で包み対角線で背中に担いで登下校をした.

　私の再従が泥酔して祖母に言った. 彼は'私が全校で3位になった'という話を伝え聞いたと話した. 洞里で私が勉強ができるという噂が広がった.

　夏休みのある日いとこが私を訪ねてきた. 彼女は私と同い年だった. 彼女は特に私のことが好きでよく従った. 歳月が流れもう彼女もおばあさんになっただろう.

꽃피우지 못한 사춘기

나는 15살이 되던 해 초여름에 시골에서 읍내로 이사 왔다. 이사 온 집은 밤나무밭과 뽕나무밭이 딸린 디귿자형 한옥이었다. 조부는 읍내로 유학가는 내가 공부 잘하라고 책상을 옮겨 주셨다. 그 책상은 다리가 짧은 밥상 형태의 작은 책상이다. 나는 조부가 애지중지(愛之重之)하는 장손자였다.

하기방학(夏期放學) 전 어느 날 나는 학교에 다녀와서 가방을 던져놓고 더워서 집안 우물가로 달려갔다. 그런데 거기서 무당 한 사람이 발가벗고 목욕을 하고 있었다. 그녀는 나에게 "듣던 대로 너무 잘 생겼네!"라고 말했다. 나는 갑자기 가슴이 뛰었다. 잠을 자거나 학교에서도 온통 그녀의 나체만 생각했다. 그녀는 무녀교육(巫女敎育)을 새엄마에게 가르쳤다. 그 후에 새엄마는 마음속에 무당 귀신이 가득히 넘쳐났다. 새엄마는 무당이 되어 부친을 패가망신(敗家亡身)시켰다. 새엄마는 자신의 모든 일을 자신이 처리하기 힘들어했다. 새엄마에게 딱 맞는 말이 있다. '무당이 제 굿 못하고, 소경이 저 죽을 날 모른다'라는 속담이 떠올랐다.

나의 전학을 위하여 조부는 다리가 짧은 책상을 흰 보자기로 싸서 줄을 만들어 등에 메었다. 곧이어 낙동강 다리를 건너기 위해 강어귀에 다다라서 뱃사공에게 쌀 한 되를 뱃삯으로 주었다. 강을 건너서 읍내에 있는 나의 공부방에 책상을 들여놓았다. 이어서 긴 담뱃대에 담배가루를 넣어 불을 붙였다. 그리고 긴 한숨을 쉬었다. 조부는 "우리 집안에 '선비 사(士)'자가 붙은 직업을 가진 사람이 한 명 나와야 될 텐데!"라고 신음하듯이 말씀하셨다. 조부는 일자무식(一字無識)이었다. 이 고을에는 박사(博士)나 변호사(辯護士)가 한 명도 없었다. 조부는 '장손인 나를 박사 또는 변호사를 꼭 만들겠다'는 각오였다.

조부의 애절한 회상(回想)은 동리에서 서울로 부친 편지가 발신지로 되돌온 사건이 있었다. 내가 발신지와 수신지를 잘못 써서 편지가 원위치로 돌아왔다. 조부께서 편지 내용을 불러주시면 그 내용을 내가 받아적었다. 그 편지는 조부가 부친 몰래 경기도에 있는 숙부에게 보낸 편지였다. 편지 내용은 조부가 숙부에게 급하게 만나자는 내용이었다. 동리에는 숙부 소유인 밭이 있었다. 그 편지를 부친이 보고 화를 내면서 나를 때리고 괴롭혔다. 나는 부친에게 맞으면서 눈물을 하염없이 흘렸다. 부친은 조부와 사이가 아주 나빴다.

어느 날 아침에 윗집 사진관 여자가 집으로 쳐들어와서 부친에게 욕을 하면서 사납게 야단을 쳤다. 전날 부친은 그녀의 남편과 술자리에서 싸웠다고 했다. 옆에 있던 새엄마도 싸움을 말리지도 않고 물끄러미 쳐다봤다. 새엄마는 평소에 부친에게 폭행을 많이 당해서 그 모습은 마치 구경꾼(bystander)처럼 행동했다. 나는 그녀에게 다가가 등을 때렸다. 그녀는 나에게 부친 편을 든다고 야단치면서 물러갔다. 그녀는 집 밖을 나가는 순간 나를 향해 "그 아버지에 그 아들이네!"라고 말하면서 눈을 흘겼다.

나는 시골 중학교 1학년을 마치고 그 다음해에 읍내에 있는 중학교로 전학을 했다. 중학교 3학년이 되던 그 다음해에 나는 고등학교 입학시험 공부에 몰입했다. 다른 학생들은 영어와 수학 과목에 과외공부를 철저히 했다. 그러나 나는 과외공부를 할 형편이 못되었다. 학교에 가면 키가 작아서 앞자리에 앉았다. 담임교사가 나를 유독히 괴롭혔다. 담임교사는 반 학생들에게 '영문학석사'라고 자신의 자랑을 늘어 놓았다. 영어 시간에 자신이 영어 과외를 시키는 학생 위주로 공부를 진행했다. 나는 영어 시간이 정말 싫었다. 담임교사는 '내가 영어 숙제를 못해 왔다'고 주먹으로 뺨을 때린 적이 있었다. 나는 속상했지만 꾹 참고 견뎠다. 나는 돈이 없고 부모가 뒷받침해주지 않는 점이 '천추의 한'이었다. 장성하면 돈 때문에 공부 못하는 일을 겪지 않도록 마음가짐을 단단히 했다.

어느 날 부친은 새엄마와 함께 강원도로 오징어를 잡으러 떠났다. 나는 혼자서 열심히 공부해서 국립고등학교에 전체 10등으로 합격했다. 내가 존경하는 조부께서 갑자기 위암으로 별세하셨다. 나는 너무 슬펐다. 한동안 식음을 전폐(全廢)하고 누웠다. 나는 조부의 빈자리에 대해 통곡을 했다. 눈이 떠 있는 한 그 순간도 눈물이 하염없이 흘러내렸다. 이제는 든든하게 나를 보호해 줄 방패막이가 없으므로 그렇게 슬피 울었다.

조부는 막걸리를 평소에도 사발 그릇에 가득 따라서 찌꺼기 하나 남기지 않고 다 드셨다. 나에게 늘 소식(小食)을 강조하셨다. 조부의 그런 가르침을 받은 나는 항상 즐겁고 행복했다. 나는 조부를 존경하고 말씀에 순종을 했다.

초등학교 6학년 때 일이었다. 나는 경주로 수학여행을 떠났다. 석굴암에서 가이드가 관광객을 위해 유창한 일본어로 열변을 투하는 모습을 봤다. 나는 그때 일본어 통역사의 꿈을 꾸었다. 조부는 부친 몰래 나에게 쌈짓돈을 주셨다. 그 돈으로 수학여행을 다녀와서 조부의 등을 두드리는 안마 망치를 사왔다. 조부는 장손자가 사 온 안마 나무망치로 등을 두드리며 너무 기뻐하셨다.

그 이후, 부친은 내가 조부를 좋아하고 따르는 것을 늘 못마땅하였다. 또 새엄마와 같이 나를 자주 때렸다. 하루는 부친이 만취하여 나를 마구 때려서 코뼈가 부러졌다. 부친은 주먹으로 감정이 들어간 훈육을 하여 나에게 상처를 입혔다. 모질고 악한 새엄마는 말리는 척만 하고 적극적으로 말리지 않았다. 나는 가슴속에 오랫동안 응어리로 남아 그 기억을 되살리곤 했다.

하루는 내가 새엄마에게 '엄마'라고 부르지 않는다고 부친이 너무 때려서 조부의 집으로 피신한 적도 있었다. 장손인 나는 생모가 이제 막 돌을 지난 상태에서 버리고 집을 나갔다. 생모가 가출한 원인도 부친이 생모의 얼굴을 칼로 찔러서 무서워서 도망간 것이다. 그 어린 핏덩이를 조모가 밀떡을 젖으로 삼아 장손자인 나를 키웠다. 나는 조부와 조모가 생명의 은인으로 생각하고 잊지 못하고 있다.

부친과 새엄마와의 사이에서 태어난 서자(庶子) 2남과 서녀(庶女) 2녀가 있었다. 나의 배다른 동생이다. 그중에서 차녀는 새엄마가 동리 건달과 불륜으로 낳은 아이로 추정하고 있다. 부친은 모르는 것 같았다. 나는 정말 마음이 상했다. 그때 눈물을 흘리면서 새엄마에게 배신을 느꼈다. 나는 그런 내용을 부친에게는 말을 하지 않았다. 가정의 평화를 위해서 그렇게 입을 다물었다.

국립고등학교에 입학한 나는 1학년 중간고사를 치르기 직전에 담임교사에게 자퇴 의사를 밝혔다. 나를 특별히 좋아했던 그는 눈물을 흘리면서 학교에 다니기를 권했다. 그는 나를 공부 잘하는 학생으로 인정했다. 교장에게 장학금을 신청하려고 했다. 나는 새엄마와 부친이 너무 괴롭혀서 어렵게 입학한 국립고등학교를 자퇴했다.

그때부터 나는 고난의 강을 건너가기 시작했다. 고등학교 교련복을 입은 그대로 무작정 집을 나섰다. 그 전날 소주를 입에다 대고 세차게 마구 부었다. 조모는 걱정하는 눈으로 나를 쳐다봤다. 조모는 밤낮없이 나를 걱정하다가 별세하셨다. 어린 나를 위해 정성껏 정화수(井華水)를 떠 놓고 빌고 또 빌었다. 천지신명(天地神明)께 빌면서 어느 겨울날 조모는 조용히 운명(殞命)하셨다.

花咲かせなかった思春期

　私は十五歳になった年初夏に田舎から町へ引っ越してきた．引っ越してきた家は栗畑と桑畑がついたディグッの字形韓屋だった．祖父は町内に留学する私が勉強ができるように机を運んでくれた．その机は短い脚の小さなテーブルの形をしている．私は祖父が愛之重之する長孫だった．

　夏期休みの前のある日私は学校に行ってきてかばんを投げて暑くて家の井戸端に駆けつけた．ところがそこで巫女の一人が裸で風呂に入っていた．彼女は私に"本当にハンサムだね!"と言った．私は急に胸がどきどきした．寝たり学校でも彼女の裸のことばかり考えた．彼女は巫女教育を継母に教えた．その後継母は心の中に巫女の幽霊がいっぱいにあふれた．継母は巫女となり父親を敗家亡身させた．継母は自分のすべての仕事を自分で処理するのが難しかった．継母にぴったりの言葉がある．'巫女が祭祀ができず,盲人が死ぬ日を知らない'ということわざが浮び上がった．

　私の転校のために祖父は足の短い机を白い風呂敷で包んでロープを作って背中に担いだ．続いて洛東江の橋を渡るために河口にたどり着き船頭に米一升を船賃として与えた．川を渡って町にある私の勉強部屋に机を置いた．続いて長いキセルにタバコの粉を入れて火をつけた．そして長い

ため息をついた．祖父は"私たちの家に'しじん(士)'の字がついた職業を持った人が一人出ないといけないのに!"とうめき声を上げるようにおっしゃった．祖父は一字無識だった．この町には博士や弁護士が一人もいなかった．祖父は'長孫の私を博士または弁護士を必ず作る'という覚悟だった．

　祖父の切ない回想は東里からソウルに送った手紙が発信地に戻った事件があった．私が発信地と受信地を間違って書いたので手紙が元の位置に戻った．祖父が手紙の内容を呼んでくれればその内容を私が書き取った．その手紙は祖父が父親に内緒で京畿道の叔父に送ったものだった．手紙の内容は祖父が叔父に急いで会おうという内容だった．洞里には叔父の所有である畑があった．その手紙を父が見て怒りながら私を殴っていじめた．私は父に殴られながら涙をとめどなく流した．父は祖父と仲がとても悪かった．

　ある朝上の階の写真館の女性が家に押し入ってきて父親に悪口を言いながら激しく叱った．前日父親は彼女の夫と飲み会で喧嘩したと言った．隣にいた継母も喧嘩を止めずにじっと見つめた．継母は普段父親に暴行を受けその姿はまるで見物人(bystander)のように振る舞った．私は彼女に近づき背中を叩いた．彼女は私に父親の肩を持つと叱りながら立ち去った．彼女は家の外を出た瞬間私に向かって"その父親にその息子だね!"と言いながら目を伏せた．

　私は田舎の中学校1年生を終えて翌年に町内の中学校に転校した．中学3年生になった翌年私は高校の入学試験の勉強に没頭した．他の学生たちは英語と数学科目に課外勉強を徹底的にした．しかし私は課外勉強をする余裕がなかった．学校に行くと背が低くて前の席に座った．担任の先生が私を特に苦しめた．担任教師はクラスの生徒たちに'英文学の修士'だと自分の自慢を並べた．英語の時間に自分が英語の課外授業をさせる学生を中心に勉強を進めた．私は英語の時間が本当に嫌いだった．担任教師は'私が英語の宿題ができなかった'と拳で頰を叩いたことがあった．私は悲し

かったがじっと我慢して耐えた．私はお金がなく両親が後押ししてくれない点が千秋の恨'だった．成長すればお金のために勉強できないことにならないように気をつけた．

ある日父親は継母と一緒に江原道にイカを捕りに行った．私は一人で一生懸命勉強して国立高校に全体10位で合格した．私の尊敬する祖父は突然胃癌で亡くなった．私はとても悲しかった．しばらくの間飲食を全廃して横になった．私は祖父の空席について号泣した．目が開いている限りその瞬間も涙がとめどなく流れた．今は心強く私を保護してくれる盾がないのでそのように悲しく泣いた．

祖父はマッコリを普段もどんぶりにいっぱい注いで残り一つ残さず飲み干した．私にいつも小食を強調されていた．祖父のそんな教えを受けた私はいつも楽しくて幸せだった．私は祖父を尊敬し言葉に従順だった．

小学校6年生の時のことだった．私は慶州に修学旅行に行った．石窟庵でガイドが観光客のために流暢な日本語で熱弁を吐く姿を見た．私はその時日本語通訳士の夢を見た．祖父は父に内緒で私に少額をくれた．そのお金で修学旅行に行ってきて祖父の背中を叩く按摩槌を買ってきた．祖父は長孫が買ってきた按摩の木槌で背中を叩きながらとても喜んだ．

それ以来，父は私が祖父のことを好きで従うことをいつも不満に思っていた．また継母と一緒に私をよく殴った．ある日父が泥酔して私を殴りつけて鼻骨を折った．父は拳で感情のこもったしつけをして私を傷つけた．残酷で意地悪な継母は止めるふりをして積極的に止めなかった．私は胸の中に長い間しこりとして残ってその記憶をよみがえらせたりした．

ある日私が継母に'お母さん'と呼ばないと父親があまりにも殴って祖父の家に避難したこともあった．長孫の私は生母がちょうど1歳の誕生日を過ぎた状態で捨てて家を出た．生母が家出した原因も父親が生母の顔をナイフで刺して怖くて逃げたのだ．その幼い血塊を祖母が小麦粉餅を乳にして長孫である私を育てた．私は祖父と祖母が生命の恩人だと思って忘れてい

ない．

　父親と継母との間に生まれた庶子2男と庶女2女がいた．私の腹違いの弟だ．その中で次女は継母が東里のやくざと不倫で産んだ子供と推定している．父親は知らないようだった．私は本当に心を痛めた．その時涙を流しながら継母に裏切られたと感じた．　私はそんな事を父には言わなかった．家庭の平和のためにそう口をつぐんだ．

　国立高等学校に入学した私は1年生の中間試験を受ける直前に担任教師に自主退学の意思を明らかにした．私のことが特に好きだった彼は涙を流しながら学校に通うことを勧めた．彼は私を勉強のできる学生として認めた．校長に奨学金を申し込もうとした．私は継母と父親があまりにも苦しめて苦労して入学した国立高等学校を退学した．

　その時から私は苦難の川を渡り始めた．高校の教練服を着たままむやみに家を出た．その前日焼酒を口に当てて勢いよく注いだ．祖母は心配そうな目で私を見た．祖母は昼夜問わず私のことを心配して亡くなった．幼い私のために心を込めて浄化水を汲んでおき何度も祈った．天地神明に祈りながらある冬の日祖母は静かに殞命した．

상경해서 보냈던 청년기

나는 한때 이발소를 운영하는 막내 숙부 집에서 잠시 머문 적이 있었다. 그곳에서 잠시 머무는 동안에도 숙부가 숙모를 때리고 자주 부부싸움을 했다. 숙부는 가끔 숙모 모르게 다른 여자를 붙잡고 술에 취하여 애원하는 모습을 나는 보았다. 숙부는 이발사인데 바람둥이였다. 그의 성격은 고압적이고 표독했다. 나는 그런 막내 숙부가 싫었다. 나는 고민을 하면서 이곳을 떠나기로 결심했다.

어느 날 나는 고종사촌 매형을 만나서 그동안 자초지종(自初至終)을 말했다. 매형은 양복기술을 배우라고 말했다. 그는 나를 측은지심(惻隱之心)으로 대했고, 영화를 구경시켜주었다. 나는 그를 잘 따르고 좋아했다. 그는 외모가 준수하고 귀인처럼 잘 생겼다.

또 큰 고모의 집에서 며칠을 보내는 동안 그녀는 듣기 거북한 부친의 험담을 해서 나는 그 집에서 나왔다. '남녀칠세부동석(男女七歲不同席)'이라고 했는데, 또래의 고종사촌과 같이 한방에서 지내는 것도 불편했다. 나는 마음을 강하게 하고 독립선언을 했다.

대도시의 도심에 자리잡은 모 양복점에서 심부름하는 소년으로 사회생활을 시작했다. 주로 수면(睡眠)은 양복점 2층 공장에 있는 베니어(veneer)판 위에서 잠을 잤다. 형제가 운영하는 양복점인데 어느 날 재단사가 양복을 잘못 재단해서 손님이 반품을 요구했다. 두 형제가 합세하여 그를 발가벗겨서 모욕을 주었다. 나는 이 모습을 보고 살벌한 사업경영의 이전투구(泥田鬪狗)에 대해 알게 되었다. 나와 같이 심부름하는 아이가 한 명 있었다. 하루는 그와 심하게 싸웠다. 이를 알게 된 기술자가 나의 엉덩이를 발로 차서 걸음을 걷지 못하게 만들었다. 세상 이치가 악한 행동을 하면 악한 행동으로 돌아오는 것이다. 나는 조금씩 인간 섭리(攝理)를 알게 되었다. 새로 고용(雇用)된 재단사가 나에게 구두를 닦으라고 명했다. 나는 그런 일을 못 하겠다고 단호하게 거절했다. 그는 인상이 아주 험악하고 음흉(陰凶)해 보였다. 나는 그런 그곳이 싫었고 결국 그곳을 그만두고 나오게 되었다.

그 후 나는 야간열차를 타고 서울로 향했다. 상경하던 중 어느 열차역에 내려서 배우던 양복점 도구를 전부 버렸다. 목장에 취직하려고 했지만, 초겨울이라 사람을 채용(採用)하지 않는다고 해서 다시 서울로 올라왔다. 서울 근교에 사는 숙부집에 가기 위해 시내버스를 탔다. 반대 방향으로 가는 버스를 타서 고생을 좀 했다.

힘들게 찾아간 숙부집에 도착하니 가을비가 부슬부슬 내리는 야심한 밤이었다. 만취가 된 숙부는 숙모와 말다툼을 하고 있었다. 나는 떨리는 표정으로 숙부에게 인사를 드렸다. 숙부는 한쪽 눈을 감고 말없이 나를 쳐다봤다. 좁은 방에 사촌 여동생들 5명과 남동생 1명이 있었다. 나는 누울 자리가 없었다. 숙부의 집에서 기거하면서 낮에는 제재소에서 목립공(目立工) 일을 배우고 밤에는 태권도 도장에서 운동을 열심히 했다. 몹시 불편하고 힘든 나날을 보내던 중에 강원도에 있는 제재소로 옮겨 근무하게 되었다.

나는 제재소에서 근무하면서 띠톱을 목립기(目立機)에 달린 그라인더(硏削盤)로 깎을 때 나오는 쇳가루가 눈알에 박혔다. 거울을 보면서 눈알에 박힌 쇳가루를 바늘로 파내었다. 그러면서 서서히 시력이 나빠지기 시작했다. 일자(一字) 형태의 띠톱을 원형(圓形)으로 연결할 때도 선글라스를 쓰지 않고 산소용접을 해서 시력이 많이 나빠졌다. 그런 힘든 일을 하여 번 돈 5일분을 숙모가 나 몰래 도장을 마음대로 새겨서 제재소 사무실에 가서 그 임금을 찾아갔다. 나는 숙모에게 배신감을 느꼈다. 평소에도 숙부는 부친의 험담을 자주해서 마음이 불편했다. 그는 추운 겨울에도 자신은 가죽장갑을 끼면서 나에게는 장갑도 주지 않았다. 나와 같이 매일 출근하면서 매정하고 비정한 인간으로 보였다. 매사에 고압적이고 명령투로 다혈질의 혈기를 부렸다. 나는 숙부의 이런 모습에 분하고 화가 나서 치가 떨렸다.

숙부와 숙모는 영호남 부부이며 8명의 대 식구를 먹여 살리기 위해 나를 돈벌이로 이용했다. 부친은 숙부를 향해 "내 아들 피를 빨아 먹는 인간"이라고 말씀하셨다.

나는 청계시장에서 겨울 외투를 사려고 갔는데 점포주인이 양아치였다. 마음에 안드는 외투를 사도록 급박(急迫)을 하면서 늑매(勒買)하는데 당하고 말았다. "서울 사람들은 눈뜨고 코를 베가는 인간들이 아닌가?"라는 생각이 들었다.

숙부와 헤어진 후에 나는 어느 판자촌(板子村) 집에 있는 하숙집에서 기거(起居)하게 되었다. 총각 남자들이 여러 명 있어서 그중에는 하숙집 아줌마와 불륜을 저지르는 짐승 같은 인간도 있었다. 나는 불륜을 저지르는 장면이 목격되면 그 자리에서 주먹을 당사자에게 날렸다. 나는 날렵했다. 태권도와 합기도로 연마된 몸으로 단번에 덩치 큰 남자라도 벽에다 쳐박고 목을 누르면서 그의 신낭(腎囊)을 발로 차서 넘어뜨렸다. 전국에서 몰려든 오합지졸(烏合之卒) 형태의 뭇 남성들이 모두 이 하숙집에 모였다. 때로는 지역감정으로 싸우기도 했다. 특히 전라도와 경상도의 싸움이었다. 그것은 정치적, 문화적, 정서적 등으로 심한 충돌을 느꼈다.

상경하여 서울 생활이 어느 정도 익숙해져 갈 때, 모 가방공장에서 일한 적이 있었다. 충청도 출신의 한 친구와 같이 기숙사에서 지냈다. 그는 나와 동갑의 나이였다. 서로 친구처럼 잘 지냈다. 미싱사가 전라도 출신인데 성격이 아주 포악했다. 그는 가끔 술을 먹고 와서는 나와 친구를 방에 가둬놓고 개 패듯이 때렸다. 군기를 잡는다고 사람을 쥐잡듯이 잡았다. 그때부터 전라도 사람들에게 절치부심(切齒腐心)의 심정으로 살아가고 있다.

나는 몇 달 뒤 하숙집에서 나와서 자취방을 구했다. 그곳은 한 방에 3명이 같이 기거했다. 3명은 홀수이므로 4명보다 인간의 조화로운 관계가 되지 못했다. 의견충돌에는 2대1의 구도가 형성되기 때문이다. 키가 왜소한 나를 만만하게 보고 술주정을 했던 한 친구와 근처 둑방에서 한판 대결을 했었다. 강단력(剛斷力)이 있는 나는 덩치 큰 그에게 결코 밀리지 않았다. 나의 주특기인 이단 옆차기로 날려 한방에 그를 제압했다. 그는 키가 커서 그런지 모르지만 예쁜 여자친구가 자주 찾아왔다. 나는 그를 매우 부러워했다.

고종사촌이 허리가 아프다고 하여 나는 합기도 도장에서 배운 대로 그녀를 지압으로 치료해주기도 했다. 치료받은 그녀는 나를 늘 은인으로 생각했다. 훗날 그녀가 결혼 후에도 내가 사는 아파트에 와서 피아노도 연주하면서 찬송가도 불러주었다. 그녀는 천사같이 예쁜 웃음을 지으며 나를 위로해 주었다. 그녀는 어릴 때부터 부모의 사랑을 못 받고 자란 나를 측은히 생각했다.

짧은 잠옷 차림으로 수돗가에서 세수하는 나를 향해 집주인 여자가 한마디 했다. 그녀는 나를 향해 "잠옷 차림으로 여러 사람이 있는 밖에 나오는 거 아니여!"라고 말했다. 그녀는 예의를 강조하는 충청도 여자이고, 매우 무뚝뚝하고 성격이 남성적이었다. 반대쪽 방에 사는 중년 부부가 장모를 모시고 살고 있었다. 남자는 구두를 만드는 기술자였다. 그는 늘 겸손하고 장모에게 효도하는 사람이었다. 부인에게도 친절하게 대하는 사람이었다. 나는 그들에게 인생을 많이 배우고 있었다.

　나는 다니던 목재회사가 부도가 나서 잠시 쉬고 있을 때 제주도로 여행을 떠났다. 부산에서 카페리호를 타고 가던 중에 미군 카투사(KATUSA) 병사가 미니 콜라 한 병을 나에게 권했다. "헬로우(Hello)! 만나서 반갑습니다"라고 그 친구는 나에게 유창한 한국어로 말했다. 나도 "만나서 반갑습니다"라고 답했다. 그와 나는 제주항까지 담소하면서 지루하지 않고 여행을 했다. 제주도에 도착한 나는 만장굴에서 미모의 여성 안내원이 "혼자 오셨어요?"라고 웃으면서 말했다. 나는 퉁명스럽게 "그렇습니다!"라고 응대(應對)했다. 옆에 있는 다른 안내원이 "원래 저렇게 멋있게 생기신 분이 애인이 없어!"라고 옆구리를 쿡 쿡 찌르면서 눈빛을 깜빡거렸다. 나는 일찍이 독립정신이 강해서 애인을 데리고 다니는 것은 귀찮은 존재로 생각했다. 내가 아무리 철이 없다지만 여성 안내원에게 '애인 없다'라는 충고는 정말 듣기 싫었다.

　목포행 카페리호를 승선한 나는 갑판 위에서 본 남해안 전경이 한 폭의 그림을 보는 듯 너무 아름다웠다. 목포에서 광주로 와서 식당에서 한식을 먹는데 반찬이 열다섯 가지 이상 나왔다. 식당 주인은 전라도 특유의 친절함을 보여 주었다.

上京して送った青年期

　私はかつて理髪店を経営している末の叔父の家にしばらく泊まったことがある．そこでしばらく滞在する間も叔父が叔母を殴ってよく夫婦喧嘩をした．叔父は時々叔母の知らないうちに他の女をつかまえて酒に酔って哀願する姿を私は見た．叔父は理髪師で浮気者だった．彼の性格は高圧的で険しいものだった．私はそんな末の叔父が嫌いだった．私は悩みながらここを離れることに決めた．
　ある日私は従兄弟の義兄に会いこれまで自初至終を語った．義兄は洋服の技術を学ぶように言った．彼は私を惻隠之心で扱い，映画を見物させてくれた．私は彼によく従い好きだった．彼は外見がよく貴人のようにハンサムだ．
　また伯母の家で数日を過ごす間に彼女は聞き苦しい父親の悪口を言って私はその家から出てきた．'男女七歳不同釈'と言ったが，同年代のいとこと一緒に部屋で過ごすのも不便だった．私は心を強くして独立宣言をした．
　大都市の都心に位置する某洋服店で使い走りの少年として社会生活を始めた．主に睡眠は洋服店2階の工場にあるベニヤ(veneer)板の上で寝た．兄弟が運営する洋服店だがある日裁断師が洋服を誤って裁断しお客さ

んが返品を要求した．二人の兄弟が力を合わせて彼を裸にして侮辱した．私はこの様子を見て殺伐とした事業経営の泥田闘狗について知った．私と一緒に使い走りをする子供が一人いた．ある日彼と激しく争った．これを知った技術者は私の尻を蹴って歩けなくした．世の中の道理が悪い行動をすれば悪い行動に戻ってくるのだ．私は少しずつ人間の摂理を知るようになった．新しく雇用されるた裁断師が私に靴を磨くように命じた．私はそんなことはできないときっぱり断った．彼は印象がとても険悪で陰凶に見えた．私はそのような場所が嫌いで結局そこを辞めて出てくることになった．

　その後私は夜行列車に乗ってソウルに向かった．上京している途中ある列車駅で降りて習っていた洋服店の道具を全部捨てた．牧場に就職しようとしたが，初冬で人を採用ないということでまたソウルに上京した．ソウル近郊に住む叔父の家に行くために市内バスに乗った．反対方向に行くバスに乗って苦労を少しした．

　苦労して訪ねた叔父の家に到着すると秋雨がしとしと降る夜更け夜だった．泥酔した叔父は叔母と口論していた．私は震える表情で叔父にあいさつをした．叔父は片目を閉じて黙って私を見た．狭い部屋に従妹たち5人と弟1人がいた．私には寝る場所がなかった．叔父の家に住みながら昼間は製材所で目立工の仕事を学び夜は跆拳道道場で運動を熱心にした．非常に不便で大変な日々を送っていたところ江原道にある製材所に移って勤務することになった．

　私は製材所に勤めながら帯のこを目立機についた研削盤で削る時に出る鉄の粉が目玉に刺さって．鏡を見ながら目玉に刺さった鉄粉を針で掘り出した．そうしながら徐々に視力が悪くなり始めた．一字型の帯鋸を圓形に連結する時もサングラスをかけずに酸素溶接をして視力が大きく悪くなった．そんな大変な仕事をして稼いだ5日分を叔母がこっそりと印鑑を勝手に刻んで製材所の事務室に行ってその賃金をもらった．私は叔母に裏切られたと感じた．普段も叔父は父親の悪口をよく言うので気が気でなかった．

彼は寒い冬にも自分は革手袋をはめて私には手袋もくれなかった．私と一緒に毎日出勤しながら薄情で非情な人間に見えた．何事にも高圧的で命令形で多血質な血気を使った．私は叔父のこのような姿に悔しいと怒って身震いがする．
　叔父と叔母は慶尚道と全羅道の夫婦で8人の家族を養うために私を金儲けに利用した．父親は叔父に向かって"私の息子の血を吸う人間"とおっしゃった．
　私は清渓市場で冬のコートを買いに行ったが店の主人がチンピラだった．気に入らないコートを買うように急迫をしながら勒買にやられてしまった．"ソウルの人々は目を開けて鼻を切って行く人間ではないか?"という気がした．
　叔父と別れた後私はある板子村の家にある下宿屋で起居することになった．独身男性が数人いて中には下宿屋のおばさんと不倫をする獣のような人間もいた．私は不倫をする場面が目撃されるとその場でこぶしを当事者に飛ばした．私はすらっとしていた．跆拳道と合気道で鍛えられた体で一気に体の大きな男でも壁に打ちつけ首を押さえながら彼の腎嚢を足で蹴って倒した．全国から集まった烏合之卒形の男性たちが皆この下宿に集まった．時には地域感情で争ったりもした．特に全羅道と慶尚道の戦いだった．それは政治的,文化的,情緒的にも深刻な対立を感じた．
　上京してソウルでの生活にある程度慣れてきた時，あるカバン工場で働いたことがあった．忠清道出身のある友人と一緒に寄宿舎で過ごした．彼は私と同い年の年だった．互いに友達のように仲良く過ごした．ミシン技師が全羅道出身だが性格が非常に暴悪だった．彼は時々酒を飲んできて私と友達を部屋に閉じ込めて犬のように殴った．軍紀をつかむといって人をシラミつぶしに捕まえた．その時から全羅道の人々に切歯腐心の気持ちで生きている．
　私は数ヶ月後に下宿を出て自炊をした．そこは一部屋に3人が一緒に住

んでいた．3人は奇数なので4人より人間の調和のとれた関係にはなれなかった．意見の衝突には2対1の構図が形成されるからだ．背が低い私を甘く見て酔っぱらいをしたある友人と近く堤防の部屋で一戦対決をした．剛断力のある私は大柄な彼に決して引けをとらなかった．私の得意技である二段横蹴りで一発で彼を制圧した．彼は背が高いからかもしれないがきれいな彼女がよく訪ねてきた．私は彼をとてもうらやましかった．

　姑從四寸が腰が痛いと言って私は合気道道場で学んだ通り彼女を指圧で治療したりもした．治療を受けた彼女は私をいつも恩人だと思っていた．後日彼女が結婚後も私が住むアパートに来てピアノも演奏しながら賛美歌も歌ってくれた．彼女は天使のようにきれいな笑顔で私を慰めてくれた．彼女は幼い頃から親の愛を受けずに育った私を哀れに思った．

　短いパジャマ姿で水道のそばで顔を洗う私に向かって家主の女性が一言言った．彼女は私に"パジャマ姿で大勢の人がいる外に出てはいけない!"と言った．彼女は礼儀を重んじる忠清道の女性で，とても無愛想で男性的だった．反対側の部屋に住む中年夫婦が義母を連れて暮らしていた．男は靴を作る技術者だった．彼はいつも謙虚で義母に孝行する人だった．奥さんにも親切に接する人だった．私は彼らから人生をたくさん学んでいた．

　私は通っていた木材会社が不渡りになってしばらく休んでいる時に済州島へ旅行に行った．釜山からカーフェリーに乗って行く途中米軍のカトゥサ(KATUSA)兵士がミニコーラ1本を私に勧めた．"ハロー(Hello)! お会いできて嬉しいです"と彼は私に流暢な韓国語で言った．私も"お会いできて嬉しいです"と答えた．彼と私は済州港まで談笑しながら退屈せずに旅行をした．済州島に到着した私は万丈窟で美貌の女性案内員が"一人でいらっしゃいましたか?"と笑いながら話した．私はぶっきらぼうに"そうです!"と応対した．そばにいる他の案内員が"元々あんなにかっこいい方が恋人がいない!"とわき腹をつつきながら目つきを瞬かせた．私はかつて独立精神が強く恋人を連れ歩くのは面倒な存在だと思っていた．私がいくら分別がない

しかし女性ガイドに'恋人はいない'という忠告は本当に聞きたくなかった.
　木浦行きのカーフェリー号に乗船した私は甲板の上から見た南海岸の全景が一幅の絵を見るようでとても美しかった.　木浦から光州に来て食堂で韓国料理を食べたがおかずが15種類以上出てきた.レストランのオーナーは全羅道ならではの親切さを見せてくれた.

회개하는 마음

　세월의 무게도 무겁게 느껴진다. 구름이 흘러서 벌써 60대 중반의 나이에 이르렀다. 나의 모습은 현재 어떠한가. 일요일에 교회에 출석하여 회개의 기도를 하면 청춘의 시절이 주마등같이 내게 비추어진다. 국방의 의무를 다할 무렵에 부친에게 대들고 공격한 점은 깊이 머리 숙여 용서를 구했다. 부친은 만취해서 집에 오셔서 나와 새엄마에게 주폭(酒暴)을 자주 하셨다. 그럴 때마다 나와 새엄마는 집을 나가고 도망을 다녔다. 어느 날 나는 도저히 해서 안 될 일을 했다. 술을 먹고 부친에게 집기를 던지고 공격을 했다. 부친의 주폭을 꺾은 나는 호래자식이었다. 그렇다고 새엄마가 나를 좋아하지도 않았다. 그저 부친과 나는 원수처럼 지내게 되었다. 집안의 귀신이 가득한 콩가루 집안이었다. 지금 내가 예수를 믿고 성령께 매일 기도하는 것도 나의 불효를 용서해 달라는 기도이다. 결론은 모든 게 다 나의 잘못이다.
　용기를 내서 이 글을 쓰는 심정은 남은 여생에서 부친에게 불효한 잘못에 대해 용서를 구하면서 살려고 한다. 독자들에게는 분명히 비판을 받을 것이다. 어릴 때는 그렇게 부친이 미웠다. 예순의 나이를 넘은 현재는 고인이 되신 부친이 그렇게 보고 싶다. 어른께서 환생(

還生)하신다면 효도로 극진히 모시고 싶다. 이를 생각하면 눈물로 하루하루 세월을 흘려보내고 있다.

 자식들에게도 너무 잘못을 많이 했다. 어린 딸과 아들에게 때리고 성질을 부려서 애들 엄마와 다투었던 점은 진정으로 회개하고 용서를 구하고 있다. 가족을 사랑하지 못하고 인내심으로 삶을 영위(營爲)하지 못한 점은 크게 후회하고 있다. 다시 그 시절로 돌아간다면 '자식들과 애들 엄마에게 잘하겠다'는 결심을 굳건하게 해본다.

 30대 후반 무렵에 시내버스 운전사를 한 적이 있다. 철도 없고 생각이 모자라서 그저 앞차만 따라가다가 뒷차 운전사에게 욕도 많이 얻어먹었다. 성격을 느긋하게 먹지 않고 조급한 마음에서 교통사고 처리를 잘못한 점도 큰 오점(汚點)이었다. 인사사고(人死事故)가 발생하면 먼저 119에 전화해서 구급대를 호출했어야 했다. 또한 목격자 연락처를 확보해서 사법처리에 대처를 못한 것도 크나큰 나의 실수였다. 지금 생각해도 살이 벌벌 떨린다. 감기약을 먹고 대형버스를 운전한 것도 잘못이지만, 미리 사고예방을 하는 정신무장도 없었다. 철저한 내 위주의 안전 운전을 하지 못한 후회의 거울이기도 하다. 특히 시내버스는 앞뒤 차량의 운전사들과 친분관계를 잘 했어야 하는데 이점에 대해서도 미숙한 점을 인정한다.

 가족을 먹여 살리려고 내 몸을 적극적으로 헌신하지 못한 점에 대해 깊이 반성하고 있다. 애들 엄마를 존중하고 극진히 섬겼으면 이혼이라는 아픔을 겪지 않았을 것이다. 이 모든 점은 나의 부덕의 소치였다. 한 직장에서 몸 바쳐 일하지 못하고 여러 군데의 직장을 구하면서 가족들을 불안하게 한 점에 대해서도 깊이 회개하고 있다. 급한 마음에 신중하지 못하고 결정을 가볍게 해서 마음고생을 한 점은 더더욱 뉘우쳐진다. 긴 세월의 무게 앞에 나도 자연히 고개가 숙여진다. 보다 겸손하고 넓은 아량을 보여주지 못한 점도 크게 후회하고 있다.

 말을 할 때도 상대에게 성급하게 했고, 생각을 여러 번 해서 입 밖으로 표현을 했어야 했다. 삼사일언(三思一言)으로 말을 하고, 상대가 쉽게 나를 대하지 않도록 침묵으로 생활해야 하는데 이런 점은 너무 잘못을 많이 했다.

부친이 교통사고로 별세하셨는데, 억울한 누명을 벗겨드리지 못한 잘못은 큰 죄를 지은 것 같다. 배다른 동생들에게도 잘해주지 못한 점도 회개하고 있다. 만 64세의 지금 이 나이는 철없고 생각이 모자란 나의 삶에 회개하는 마음뿐이니, 지금부터 더 지혜롭게 살기로 결심했다.

悔悟の念

　歳月の重さも重く感じられる.雲が流れてもう60代半ばになった.私の姿は現在どうか.日曜日に教会に出席して悔い改めの祈りをすれば青春の時代が走馬灯のように私に照らされる.国防の義務を全うする頃に父親に食ってかかった点は深く頭を下げて許しを求めた.　父親は泥酔して家に帰ってきて私と継母に酒暴をよくした.　そのたびに私と継母は家を出て逃げ回った.ある日私はどうしてもやってはいけないことをした.酒を飲んで父親に什器を投げて攻撃をした.父の酒暴をくじいた私は胡奴の子だった.だからといって継母が私のことを好きでもなかった.ただ父と私は仇敵のように暮らすようになった.家の中の鬼がいっぱいのきな粉の家だった.今私がイエスを信じて聖霊に毎日祈るのも私の親不孝を許してほしいという祈りだ.結論はすべて私の過ちだ.

　勇気を出してこの文を書く心情は残りの人生で父親に不孝な過ちに対して許しを請いながら生きようとする.読者からはきっと批判されるだろう.幼い時はそんなに父が憎かった.60歳を超えた現在は故人になった父親にそのように会いたい.大人が転生するなら親孝行で丁重に仕えたい.これを思えば涙で日々を過ごしている.

子供たちにもあまりにも過ちをたくさんした．幼い娘と息子に殴り腹を立てて母親と争った点は心から悔い改め許しを求めている．家族を愛することができず忍耐心で人生を営めなかったことは大いに後悔している．再びその時代に戻れば'子供たちと子供たちの母親にうまくやる'という決心をしっかりしてみる。

　30代後半頃に市内バスの運転手をしたことがある．分別もなく考えが足りなくてただ前の車について行ったが後ろの車の運転手に悪口もたくさん言われた．性格を気長にせず焦った気持ちで交通事故の処理を誤った点も大きな汚点だった．人死事故が発生した場合まず119に電話して救急隊を呼び出すべきだった．また目撃者の連絡先を確保して司法処理に対処できなかったことも大きな私のミスだった．今考えても身がぶるぶる震える．風邪薬を飲んで大型バスを運転したのも間違いだが，あらかじめ事故予防をする精神武装もなかった．徹底した自分中心の安全運転ができなかった後悔の鏡でもある．特に市内バスは前後の車の運転手らと親交を深めるべきだったがこの点についても未熟な点を認める．

　家族を養うために自分の体を積極的に献身できなかった点について深く反省している．子供たちの母親を尊重し手厚く仕えていたら離婚という苦痛を経験しなかっただろう．このすべての点は私の不徳の致すところだった．一つの職場で身を捧げて働くことができず数ヵ所の職場を求め家族を不安にさせた点についても深く悔悟している．焦って慎重に決められず気苦労をした点はさらに悔やまれる．長い歳月の重さの前に私も自然に頭が下がる．より謙遜で広い雅量を見せられなかった点も大いに後悔している．

　話す時も相手にせっかちになり，何度も考えて口外で表現すべきだった．三四一言で話し，相手が簡単に私に接しないように沈黙で生活しなければならないのにこのような点はあまりにも過ちをたくさん犯した．

　父親が交通事故で死亡したが，無念な濡れ衣を晴らしてあげられなかった過ちは大きな罪を犯したようだ．腹違いの弟たちにもよくしてあげられな

かった点も悔悟している．満64歳の今この年齢は分別がなく考えが足りない私の人生に悔い改める心だけだから，今からもっと賢く生きることを決心した．

사랑했던 주빈(主賓)

　정수기를 점검하고 판매하는 주빈은 나를 만나기 위해 기도원을 자주 찾아왔다. 만나서 같이 점심 도시락을 먹기도 했다. 기도원 초소 앞에서 처음으로 그녀에게 명함을 받은 기억이 났다. 그때 친구인 수완은 나에게 '교수님'이라고 말하면서 그녀의 명함을 건네받았다. 수완은 나를 항상 '집사(執事)'라고 부르지 않고 '교수님'으로 호칭했다. 물론 존경하는 마음은 알지만, 나는 그가 그렇게 부르는 것이 큰 부담이 되었다.
　초소 안에서 나와서 주빈에게 다가가 "정수기 일을 하십니까?"라고 말했다. 그녀는 "네! 남편이 목사님이에요. 부목사로 사역하고 있어요!"라고 말했다. 예쁜 보조개가 그녀의 얼굴에서 빛나고 있었다. 나는 그녀의 손을 붙잡고 기도를 해주었다. 나는 목사는 아니지만 어쩐지 기도해주고 싶었다. 나는 그녀를 향한 측은지심(惻隱之心)의 마음이 발동되었다. 그 후 나는 그녀와 서로 연락을 자주 했었다. 나는 한동안 발기부전(勃起不全) 증상이 있었다. 원인은 모르지만, 오래전에 서울 장위동에서 살던 기억을 떠올려 봤다.
　한때 빌라 반지하에서 전세를 살던 시절이 있었다. 때는 아주 추운 겨울이었다. 팔에 깁스(Gips)를 한 집주인 여자가 찾아왔다. 그녀는 나를 향해 "아저씨! 아줌마에게 저희가 돈을 빌렸는데요. 아줌마가 빚 독촉을 해서 왔어요!"라고 다짜고짜로 말했다. 이 말을 듣던 나는 "그래서요?"라고 대답했다. 그녀는 "아저씨가 아줌마에게 이야기를 좀 잘해주세요. 보시다시피 제가 팔을 다쳤어요. 그러니 조금 더 기다려주세요!"라고 말했다. 나는 아무 말도 하지 않았다. 그녀는 그 뒤에 새벽기도 하는 교회에 따라와서 나를 괴롭히고 스토킹을 했다. 그녀는 술에 취해서 밤새 내가 쉬는 집 앞에서 문을 열어 달라고 고함을 치면서 협박을 했다. 그녀는 채무를 담보로 나와 잠자리를 하려고 고도의 전술을 편 것이었다. 도저히 참을 수가 없어서 경찰에 그녀를 신고했다. 그녀는 주거침입죄로 벌금 오만 원을 납부했다.

나는 주빈을 만나서 불붙는 사랑을 하고 싶어도 '발기(get erection)'가 되지 않았다. 나는 한강 물에 몸을 던지고 싶었다. "내가 이렇게 살아서 뭐 하는가? 남자구실도 못 하잖아?"라고 혼잣말로 중얼거렸다. 주빈은 버려져 가는 나의 인생을 향한 애정과 불꽃 같은 사랑을 위해 노력을 많이 했다. 그녀는 나를 향해 "오빠! 70살 넘은 할아버지도 그게 벌떡 선다고 하던데?"라고 말했다. 주빈은 내 집에 와서 끝까지 인내하고 나를 위해 발기부전 증상을 치료해주었다. 둘은 열정이 넘치는 사랑을 원했다. 그 결과 나는 온전히 음경의 피가 한곳으로 몰려서 단단하게 되어 성생활이 잘되었다. 주빈은 나에게 "오빠! 이거 잘되는 거 다 내 덕분이야!"라고 입꼬리를 위로 올리듯 말했다. 그녀는 "오빠! 나한테 함부로 하지 말고 끝까지 잘해야 돼!"라고 말하면서 눈물을 흘렸다. 나는 주빈의 승용차로 통일로를 달리면서 홍삼 사탕을 입에 넣고 있다가 운전하는 그녀의 입안에 넣었다. 그녀는 "오빠! 사탕 키스 어디서 배웠어!"라고 말했다. 나는 조용히 입을 닫고 눈을 감았다.

주빈은 나와 남은 여생을 같이 살기로 결심했다. 그녀는 나에게 "나는 오빠 몸에 껌딱지처럼 꼭 붙어 있을꺼야!"라고 말하면서 예쁜 보조개를 보였다. 그녀는 나와 7월의 어느 여름날에 2박 3일로 제주도 여행을 갔었다. 그녀는 신혼여행을 간다고 말했다. 나는 난생 처음으로 국내 비행기를 탔다. 비행기표와 여행 준비는 그녀가 미리 했다. 그녀는 나에게 눈에 넣어도 아프지 않은 존재가 되었다. 턱수염을 길게 기른 나를 보고 관광 가이드는 "외국인이세요?"라고 주빈을 향해 말했다. 그녀는 "아니에요. 한국 사람입니다. 그런데 4개 국어를 유창하게 합니다"라고 약간 흥분된 어조로 말했다.

　그녀와 나는 제주도에서 잠수함도 타고 말고기도 먹고 행복한 여행을 했다. 나는 그녀를 다룰 때 인내심을 발휘하지 못했다. 호텔에서 국내산 와인(wine)의 뚜껑을 잘못 따서 짜증을 낸 것부터 그녀를 가슴 아프게 했다. 모든 잘못은 내가 인내심이 부족하고 도량이 없는 소심한 성격 탓이었다. 나는 그녀를 뜨겁게 사랑하지 못하고 아끼지 못했다. 오직 자신만 생각하는 이기주의에 사로잡혀 그녀를 감동시키지 못했다. 그냥 그녀를 섹스 상대로만 생각한 것이 큰 문제였다.

　나와 그녀는 남이섬에 놀러 간 적도 있었다. 그때도 나는 승용차를 운전했는데 보도블록에 걸려 차가 전복될 뻔했다. 그 승용차도 물론 그녀의 자동차였다. 그녀는 나를 향해 "오빠는 운전 체질이 아닌 것 같아! 앞으로 운전 하지마! 운전은 내가 할께!"라고 야단쳤다. 그럴 때마다 나는 쥐구멍이라도 찾고 싶었다. 나는 대형면허증을 가지고 있었고 45인승 시내버스를 운전한 경력이 약 5년이나 된다. 속이 상하지만 어떻게 하겠는가. 나는 운전에 자질이 없는 것은 분명했다.

　나는 남이섬에서 휴가 중에도 박사논문을 쓰기 위해 '백조'라는 관광객 하우스 앞에서 열심히 노력했다. 그녀에게 더 아름다운 추억을 만들어주지 못했다. 그녀에게 더 행복하고 따뜻하게 해주지 못한 점을 두고두고 후회하고 있다.

　그녀는 시간이 흐르면서 아이들을 생각하게 되었다. 큰 딸이 렌즈를 잘못 끼워서 시력이 저하되었다. 막내 딸이 중학교에 가면 사춘기가 도래한다고 말했다. 그러면서 '그 딸들에게 상처가 크다'고 말했다. 그러던 중 그녀는 나와 만나는 회수를 서서히 줄여갔다. 그 후 그녀의 친정엄마가 유방암 수술을 받았다. 그녀는 서서히 나와 사랑이 식어져 갔다. 또한 아들이 해병대를 지원해서 군에 입대하여 자신을 관리하는 쪽으로 방향을 잡은 것 같았다. 이를 어찌하랴! 내가 그녀를 잡는다고 잡혀지는 게 아니고 아이들과 같이 원위치로 돌아가겠다는 걸 누가 막겠는가.

지난날 돌이켜보면 그녀는 나를 남자로 만들었다. 그녀는 나에게 심지어 치간 칫솔과 치실 칫솔질하는 법을 가르쳐 준 사람이다. 그리고 혈압약을 복용하도록 관심을 가져다준 장본인이었다. 그녀는 나에게 혈압약을 권할 때 "오빠! 혈압약 안 먹으면 큰일난다. 나중에 호미로 막을 것을 가래로 막는다!"라고 말했다. 여러모로 그녀는 나에게 고마움을 끼쳤다.

그녀는 나에게 "오빠 실력 정도면 한자급수자격검정 공인 1급(한자 3,500자) 시험에 응시해봐!"라고 권유했다. 그녀는 내가 평소에 한자와 한문에 조예(造詣)가 있다고 생각했다. 나는 "너무 어려워서 한자급수자격검정 공인 2급 정도로 낮추어서 시험에 응시해야 안되겠나?"라고 말했다. 그러나 그녀는 내가 한자급수자격검정 1급 시험에 꼭 응시하기를 간구(懇求)했다. 어쩔수 없이 나는 한자급수자격검정 1급 시험에 도전했다. 어느날 그녀는 "오빠가 1급 한자급수자격증과 일본어통역사 시험에 합격하면 50만 원의 상금을 줄께!"라고 말했다. 나는 우선 상금에 눈이 멀었다. 한자급수자격검정 공인 1급 시험을 무려 2년에 걸쳐서 여덟 번 떨어지고 아홉 번째 89점으로 전국에서 4등으로 합격했다. 1차로 그녀에게 25만원의 상금을 받았다. 그러나 일본어통역사 시험은 포기했다. 곧이어 한자급수자격검정 공인 사범(한자 5,000자) 시험에 1년 동안 공부해서 단번에 합격했다. 이 모든 것은 나를 사랑한 그녀 덕분이었다.

  그녀는 나에게 8년간의 사랑으로 인생의 귀한 열매를 만들어 준 생명의 은인이었다. 그녀는 구부(舊夫)와 이혼을 했고, 지방에 있는 아파트도 팔아서 나에게 데이트 자금으로 아낌없이 썼다. 그녀는 비싼 안마의자도 나에게 사주었다. 혼신의 힘을 다하여 나와 사랑을 한 그녀는 이제 본향으로 돌아갔다. 그녀의 이슬 같은 사랑은 나에게 오래오래 추억으로 남을 것이다. 나는 회개지심(悔改之心)의 마음으로 조심성 있게 살고 있다. 나는 이제야 조금씩 사리를 판단하는 나이가 된 것 같다.

愛した主賓

　浄水器を点検して販売する主賓は私に会うために祈祷院をよく訪れた．会って一緒にお昼弁当を食べたりもした．祈祷院の哨所の前で初めて彼女から名刺をもらったことを思い出した．その時友人のスワンは私に'教授'と言いながら彼女の名刺を渡された．スワンは私をいつも'執事'と呼ばず'教授'と呼称した．もちろん尊敬する気持ちは分かるが，私は彼がそう呼ぶのが大きな負担になった．

　警戒所から出てきて主賓に近づき"浄水器の仕事をしていますか？"と言った．彼女は"はい! 夫が牧師さんです．副牧師として使役しています！"と語った．きれいなえくぼが彼女の顔に輝いていた．私は彼女の手を握って祈ってあげた．私は牧師ではないがなんとなく祈ってあげたかった．私は彼女に向けられた惻隠之心の心が発動された．その後私は彼女と頻繁に連絡を取り合っていた．私はしばらく勃起不全の症状があった．原因は分からないが，原因は分からないが、ずいぶん前にソウル長位洞で暮らしていた記憶を思い出してみた．

　一時ビラの半地下で伝貰をしていた時代があった．　それはとても寒い冬だった．腕にギプス(Gips)をした家主の女性が訪ねてきた．彼女は私に

向かって"おじさん! おばさんに私たちがお金を借りました. おばさんが借金の催促をしてきました!"といきなり言った. この言葉を聞いた私は"それで?"と答えた. 彼女は"おじさんがおばさんに話をちょっとよくしてください. ご覧の通り私が腕を怪我しました. だからもう少し待ってください!"と言った. 私は何も言わなかった. 彼女はその後夜明けの祈りの教会についてきて私を苦しめストーキングをした. 彼女は酔っ払って一晩中私が休んでいる家の前でドアを開けてくれと叫びながら脅した. 彼女は借金を担保にして寝るために高度な戦術を駆使した. とても我慢できなくて警察に彼女を通報した. 彼女は住居侵入罪で罰金5万ウォンを納付した.
　私は主賓に会って燃える恋をしたくても'勃起(get erection)'にならなかった. 私は漢江の水に身を投げたかった. "私がこのように生きて何をするのか? 男らしくもできないじゃないか"と独り言をつぶやいた. 主賓は捨てられていく私の人生に向けた愛情と炎のような愛のために努力をたくさんした. 彼女は私に向かって"お兄さん! 70歳を超えたおじいさんもそれが堂々と立つと言っていたよ"と話した. 主賓は私の家に来て最後まで我慢し私のために勃起不全の症状を治してくれた. 二人は情熱あふれる愛を望んだ. その結果私は完全に陰茎の血が一箇所に集中して固くなり性生活がうまくいった. 主賓は私に"お兄さん! これがうまくいくのは全部私のおかげだよ!"と口角を上に上げるように言った. 彼女は"お兄さん! 私に勝手にしないで最後まで頑張らなきゃ!"と言いながら涙を流した. 私は主賓の乗用車で統一路を走りながら紅参飴を口に入れてから運転する彼女の口の中に入れた. 彼女は"お兄さん! キャンディーキスどこで習ったの!"と言った. 私は静かに口を閉じて目を閉じた.
　主賓は私と残りの人生を共に生きることを決心した. 彼女は私に"私はあなたの体にくっつきもののようにくっついているよ!"と言いながらきれいなえくぼを見せた. 彼女は私と7月のある夏の日に2泊3日で済州島旅行に行った. 彼女は新婚旅行に行くと言った. 私は生まれて初めて国内の飛行

機に乗った．飛行機のチケットと旅行の準備は彼女が事前にした．彼女は私にとって目に入れても痛くない存在になった．あごひげを長く生やした私を見て観光ガイドは"外国人ですか"とズビンに向かって言った．彼女は"違います．韓国人です．ところが4カ国語を流暢に話します"とやや興奮した口調で語った．

　彼女と私は済州島で潜水艦にも乗って馬肉も食べて幸せな旅行をした．私は彼女の扱いに我慢できなかった．ホテルで国内産ワイン（wine）のふたを間違って開けてイライラしたことから彼女を悲しませた．すべての過ちは私が忍耐力が不足して度量がない小心な性格のせいだった．私は彼女を熱く愛することができず惜しげもなかった．自分のことだけを考える利己主義にとらわれ彼女を感動させることができなかった．彼女をセックスの相手だと思ったのは大きな問題だった．

　私と彼女は南怡島に遊びに行ったこともあった．その時も私は乗用車を運転したが歩道ブロックに引っかかって車が転覆するところだった．その乗用車ももちろん彼女の車だった．彼女は私に向かって"お兄さんは運転体質ではないみたい！これから運転するな！運転は私がする！"と叱った．その度に私は穴があったら入りたい．私は大型免許証を持っていて45人乗りの市内バスを運転した経歴が約5年にもなる．心が痛むがどうしようもない．私は運転に才能がないことは明らかだった．

　私は南怡島で休暇中にも博士論文を書くために'白鳥'という観光客ハウスの前で熱心に努力した．彼女にこれ以上美しい思い出を作ることができなかった．彼女にもっと幸せで暖かくしてあげられなかったことをいつまでも後悔している．

　彼女は時間が経つにつれて子供たちのことを考えるようになった．長女がレンズを間違ってはめ込んで視力が低下した．末娘が中学校に行けば思春期が到来すると言った．そして'その娘たちに傷が大きい'と話した．そんな中彼女は私と会う回数を徐々に減らしていった．その後彼女の母親が乳房

癌の手術を受けた．彼女は徐々に私と愛が冷めていった．また息子が海兵隊を支援して軍に入隊し自分を管理する方向を定めたようだった．これをどうしようもない！　私が彼女を捕まえたからといって捕まるわけではなく子供たちと一緒に元の位置に戻るということを誰が防ぐだろうか．

　過去を振り返ってみると彼女は私を男にした．彼女は歯間ブラシやデンタルフロスの磨き方を教えてくれた．そして血圧の薬を服用するように関心を持ってくれた張本人だった．彼女は私に血圧の薬を勧める時"お兄さん！血圧の薬を飲まないと大変なことになるよ．あとでくわでふさぐものを痰でふさぐ"と述べた．いろいろな意味で彼女は私に感謝の気持ちを込めた．

　彼女は私に"お兄さんの実力くらいなら漢字級数資格検定公認1級(漢字3,500字)試験を受けてみろ！"と勧めた．彼女は私が普段漢字と漢文に造詣があると思った．私は"難しすぎて漢字級数資格検定公認2級程度に下げて試験を受けるべきではないか"と話した．しかし彼女は私が漢字級数資格検定1級試験を必ず受けることを切に願った．仕方なく私は漢字級数資格検定1級試験に挑戦した．ある日彼女は"お兄さんが1級漢字級数資格証と日本語通訳士試験に合格すれば50万ウォンの賞金をあげる！"と話した．私はまず賞金に目がくらんだ．漢字級数資格検定公認1級試験を2年にわたって8回も落ち9番目の89点で全国で4位で合格した．1次で彼女から25万ウォンの賞金をもらった．しかし日本語通訳士試験はあきらめた．まもなく漢字級数資格検定公認師範(漢字5,000字)試験に1年間勉強して一気に合格した．このすべては私を愛した彼女のおかげだった．

　彼女は私に8年間の愛で人生の貴重な実を作ってくれた生命の恩人だった．彼女は舊夫と離婚し，地方のアパートも売って私にデート資金として惜しみなく使った．彼女は高価なマッサージチェアも私に買ってくれた．渾身の力をふりしぼって私と恋をした彼女はもう本郷に戻った．彼女の露のような愛は私にとっていつまでも思い出として残るだろう．私は悔改之心の心で用心深く生きている．私はやっと少しずつ事理を判断する年になったようだ．

대형교회의 배리(背理)

　　58일간 영어(囹圄)의 몸이 해방되던 날 모 기도원으로 갔다. 그곳에서 단식하다가 이 세상을 하직(下直)하려고 마음먹었다. 검은색 두루마기를 입은 산신령 목사는 나를 향해 "집사님은 어디서 왔소?"라고 질문했다. 나는 "예! 서울에서 왔습니다!"라고 답했다. 예배를 마치고 그는 국수를 한 그릇씩 먹는다고 했다. 나는 식음을 전폐하고 단식기도에 들어갔다. 물도 마시지 않았다. 3일째 되던 날에는 소변이 잘 나오지 않았다. 성령의 음성이 들렸다. "사랑하는 나의 제자야! 이제 집으로 내려가거라! 그리고 내가 너에게 할 일을 주겠다!"라는 감동의 말이 뒷전에서 들리기 시작했다. 나는 그 길로 단식을 중단하고 집으로 하산했다. 이곳은 반지하 집이었다.

　　그날은 눈발이 제법 날리는 1월의 중순이었다. 구직·구인 정보지를 들고 취업란을 샅샅이 뒤졌다. 눈에 번쩍 띄는 곳이 빌딩경비직을 구한다는 내용이었다. 그때 근무하던 한 직원이 병원에서 퇴원할 때까지 한시적이고 임시직이었다. 나는 순간 그 일을 하기로 결심했다. 관리소장은 병원에서 퇴원한 전임자를 해고하고 나를 계속 고용하기로 결정했다. 그는 그 교회의 장로였다.

그 빌딩 절반은 초대형교회 지성전이었다. 그곳에는 유명한 목사의 설교를 들으려고 수많은 성도들이 일요일이면 모였다. 그 교회 직원은 간질병(癎疾病) 환자였다. 일하다가 갑자기 쓰러지고 쓰러진 뒤에 한참 있다가 깨어났다. 그는 명문고등학교 출신이며 명문대학까지 입학했다가 중퇴한 수재(秀才)였다. 그는 나에게 신사임당(申師任堂)의 한시(漢詩)를 써주기도 했다. 이 한시는 '유대관령망친정(踰大關嶺望親庭)'이라는 제목의 시였다.

흰 머리 어머님은 강릉에 계시는데(慈親鶴髮在臨瀛)
이 몸 홀로 서울로 가는 안타까움이여(身向長安獨去情)
머리 돌려 한 번 강릉을 바라보니(回首北坪時一望)
흰 구름 날리는데 저녁 산만 푸르더라(白雲飛下暮山靑)

나는 그가 써 준 한시를 읽으면서 지난날을 회상(回想)했다. 수도권의 모 제재소에서 직장생활을 하던 때에 식사를 초대한 가정집이 있었다. 그 집 주인은 나의 직장동료였다. 그의 부인도 간질병 환자였다. 식사를 하는데 갑자기 그 부인이 거품을 입가에 내뿜으며 쓰러졌다. 나는 깜짝 놀라서 어쩔 줄을 몰랐다. 간질병이 무섭고 희귀(稀貴)한 질병이라는 것을 그때 알았다.

어느날 지하철을 타고 가는데 옆에 서 있던 젊은 여성이 갑자기 거품을 입가에 내뿜으며 픽 하고 쓰러졌다. 그때 많이 놀라서 어떻게 할 수가 없었다. 이런저런 생각을 하던 나는 갑자기 교회직원에게 연민(憐愍)의 정을 느끼기 시작했다. 그의 부인은 남편을 위해 매일같이 성경을 쓰고 있다고 말했다.

그곳에서 또 한 차례 모욕을 당하는 사건이 발생하였다. 그 사건은 내가 모 안수집사에게 무례하게 대했다는 것이다. 그래서 그는 나를 지하 3층으로 데리고 가서 나에게 협박을 했다. 같이 있던 동료는 물끄러미 구경만 하고 있었다. 그때 나는 태연히 성령께 맡기고 참고 있었다. 그 다음날 안수집사의 부인이 갑자기 자궁암으로 죽었다. 나는 혼잣말로 "성령이 존재하나 보다!"라고 기도하면서 퇴근했다.

또 한 번의 위기가 나에게 밀어닥친 일이 있었다. 내가 교대하는 교대조에 있는 조장(組長)이 나에게 험담과 욕설을 했다. 얼마 전에 내가 안수집사에게 무참히 당하는 꼴을 보고 그는 만만하게 생각하고 괴롭혔다. 나는 가만히 듣고 성령께 기도했다. 그러다가 그의 포악한 악행이 끝났다. 그런데 이상한 일이 생겼다. 그가 퇴근하다가 교통사고로 병원에 입원하였다. 나는 모든 것이 성령의 능력이 나타났다고 생각했다. 그러면서 나는 더욱더 열심히 기도했다. 동료 근무자도 나를 예사롭게 생각하지 않았다.

나는 일을 하던 중에 지하 주차장에서 세차 일을 하는 한 후배가 이직(移職)을 권면했다. 그는 "형님! 저는 눈도 어둡고 다리가 불편하니 건강하신 형님이 초대형교회에 정식직원 시험에 한 번 응시해보세요?"라고 강권했다. 그의 권면을 듣고 그 길로 서류를 내서 네 번에 걸친 면접시험에서 합격했다.

그 후에 나는 모 지성전에서 직원으로 근무하게 되었다. 수면(睡眠)하면서 쉬는 곳도 없고 공식적으로 일정한 숙소도 없었다. 그저 성전 한구석에서 잠을 자는 신세가 되었다. 밤이면 동네 불량배들이 초소를 공격하여 위험한 순간을 넘기기도 했다. 나는 키가 작고 덩치가 작아서 사람들이 쉽게 생각했다. "나는 키가 작으니 우선 50점이 깎여요!"라고 말하면서 사람들에게 늘 겸손함을 보였다.

이곳에서 교대하는 사람이 나보다 나이가 훨씬 많았다. 그는 군장교 출신이고 반건달이었다. 출근을 늦게 하여 교대가 늦어졌다. 그는 나의 전임(前任) 안수집사와 출퇴근 교대로 자주 다투었다. 반면에 나는 그와 출퇴근에 대해 한마디 말도 안했다. 그런 점을 특히 좋아했던 그는 내가 늦은 나이에 공부하는 것에 적극적으로 찬성하면서 도와주었다. 어떤 날은 전날에 밤새 바둑을 두고 딴 돈으로 나에게 식사비도 줬다. 나는 그가 준 구겨진 천 원짜리 지폐 몇 장을 받으면서 감동하여 눈물을 흘렸다.

  어느날 저녁 무렵 담임목사가 사모와 함께 성도들의 심방을 다녀와서 맛있는 떡을 나에게 주면서 말했다. "집사님! 일본말 많이 늘었어?"라고 말했다. 나는 싱긋이 웃으면서 "목사님! 일본어는 시험공부 위주로 합니다"라고 간단히 답했다. 하루는 일간지 신문을 담임목사실과 교구사무실에 배부하는데 총무 목사가 나를 향해 간벽(癎癖)한 성격을 드러냈다. 그는 나와 동갑의 나이이다. 전날에 여전도사가 2층 계단을 올라가다가 자신의 비대한 몸을 가누지 못하여 계단으로 넘어질 뻔했다. 잽싸게 내가 그녀를 붙잡았다. 이것을 그가 나에게 문제를 제기했다. 직원이 여전도사의 몸을 만졌다는 것이다. 나는 총무목사에게 대들었다. 이 문제가 크게 확대되었다. 결국 담임목사에게도 보고가 되었다. 담임목사는 자신의 사무실에서 심하게 야단은 치지 않았다. 그는 나에게 '앞으로 그냥 잘하라'고만 말했다.

  총무장로가 자신의 사무실에서 나를 불렀다. 그는 나와 경상도 출신으로 동향(同鄕) 사람이었다. 그는 나를 늘 고향 사람이라고 많이 아껴줬다. 나는 명절이면 그에게 넥타이 선물도 해줬다. 시말서(始末書)를 받지 않고 사과를 하는 조건으로 해결되었다. 전라도 출신인 교대자는 쉽게 이 사건을 마무리하니까 매우 못마땅하게 생각했다.

  하루는 다른 여전도사가 교구사무실의 휴게실에서 남자 냄새가 난다고 교대자에게 전달했다. 교대자는 나를 향해 "여자들은 민감하여 남자 냄새를 잘 맡는다"라고 말하면서 지난밤에 그 방에서 잠을 잤냐고 질문했다. 지난밤에 나는 교구실 여교역자 방에서 피곤해서 몇 시간 잤다. 이것이 화근이 되었다. 이것도 나에게는 순순히 지나갔다. 교회에서는 당직하는 직원에게 휴게하는 공간을 만들어주지 못한 죄책감은 전혀 없었다.

　지성전에는 큰 성회(聖會)를 하면 방송직원이 나를 늘 괴롭혔다. 그는 승강기에서 나의 가슴을 주먹으로 꽉꽉 찔렀다. 자신이 '주임'이라고 텃세를 심하게 부렸다. "언젠가는 이 친구의 못된 버릇을 내가 고쳐놓겠다!"라고 말했다. 하계휴가 때 교대자가 없는 틈을 타서 초소에서 방송직원이 나를 여러 차례 괴롭혔다. 그때 신속하게 그를 향해 강력한 주먹을 날렸다. 그는 나에게 맞아서 입술에 피가 나고 찢어졌다. 누가 봐도 분을 참지 못하고 폭력을 행사한 내가 무조건 잘못했다. 평소에 직급이 높다고 거들먹거리는 건방진 모습을 혼내는 나의 정의감은 존경할 만했다.

　그 후에 총무장로는 나를 향해 "당신 그만둬!"라고 말했다. 나는 즉시 무릎을 꿇고 "잘못했습니다!"라고 말했다. 그때 구세주가 한 명 나타났다. 모 과장이 총무장로에게 전화해서 "장로님! 방송직원이 무조건 잘못했습니다"라고 다급한 목소리로 말했다. 곧이어 총무장로는 "방송직원도 올라오라고 해!"라고 말했다. 그는 나와 방송직원을 자신의 사무실에서 중재했다. 이어서 방송직원을 향해 "당신도 그만둬"라고 단호하게 말했다. 그 말을 들은 방송직원은 눈물을 펑펑 흘리면서 "장로님! 제가 잘못했습니다. 한 번만 용서해 주십시요"라고 말했다. 총무장로는 나와 방송직원 두 사람을 서로 화해를 시켰다. 나중에 총무장로는 나에게 "사실 집사님은 아무 잘못이 없어! 그러나 폭력은 안 되는 거야!"라고 말하면서 웃었다. 나는 감사의 답례로 음료수 한 박스를 사다가 그에게 주었다.

大型教会の背理

　58日間囹圄の体が解放された日某祈祷院に行った．そこで断食してこの世を去ろうと決心した．黒いトゥルマギを着た山の神様牧師は私に向かって"執事様はどこから来たの?"と質問した．私は"はい! ソウルから来ました!"と答えた．礼拝が終わった後彼は麺を一杯ずつ食べると言った．私は飲み食いを全廃して断食祈祷に入った．水も飲まなかった．3日目になった日には尿がよく出なかった．聖霊の声が聞こえた．"愛する私の弟子よ! もう家に帰りなさい! そして私が君にやるべきことをあげる!"という感動の言葉が後から聞こえ始めた．私はその道で断食をやめて家に下山した．ここは半地下の家だった．

　その日はかなりの雪が降る1月の中旬だった．求職・求人情報誌を持って就職欄をくまなく探した．目立つのが建物警備職を探すという内容だった．その時勤務していたある職員が病院から退院するまで一時的で臨時職だった．私は一瞬その仕事をしようと決心した．管理所長は病院から退院した前任者を解雇し私を引き続き雇用することを決めた．彼はその教会の長老だった．

　その建物の半分は巨大な教会の支部教会だった．そこには有名な牧師

の説教を聞こうと多くの聖徒たちが日曜日になると集まった．その教会の職員は癇疾病患者だった．仕事中に突然倒れて倒れた後しばらくして目が覚めた．彼は名門高校出身で名門大学まで入学して中退した秀才だった．彼は私に申師任堂の漢詩を書いてくれたりもした．この漢詩は'踰大關嶺望親庭'という題名の詩だった．

　　白髪のお母さんは江陵にいますが(慈親鶴髪在臨瀛)
　　この身一人でソウルへ行く切なさよ(身向長安獨去情)
　　頭を回して江陵を眺めると(回首北坪時一望)
　　白い雲を飛ばすのに夕方の山だけ青かった(白雲飛下暮山青)

　私は彼が書いてくれた漢詩を読みながら過去を回想した．首都圏の某製材所で職場生活をしていた時に食事を招待した家庭があった．その家の主人は私の職場の同僚だった．彼の妻も癇疾病患者だった．食事をしている時突然その夫人が泡を口元に吹き出して倒れた．私はびっくりして途方に暮れた．癇疾病が怖くて稀貴病気だということをその時知った．
　ある日地下鉄に乗って行くと隣に立っていた若い女性が突然泡を口元に吹きかけながらピックして倒れた．あの時すごく驚いてどうすることもできなかった．あれこれ考えていた私は突然教会の職員に憐憫の情を感じ始めた．彼の妻は夫のために毎日聖書を書いていると言った．
　そこでもう一度侮辱される事件が発生した．その事件は私が某按手執事に無礼に接したということだ．それで彼は私を地下3階に連れて行って私を脅した．一緒にいた同僚はじっと見ていた．その時私は平然と聖霊に任せて我慢していた．その翌日按手執事の夫人が突然子宮癌で亡くなった．私は独り言で"聖霊が存在するようだ！"と祈りながら退勤した．

もう一度危機が私に降りかかったことがあった．私が交代する交代組にいる組長が私に險談と悪口を言った．先日私が按手執事に無残にやられる姿を見て彼は甘く考えて苦しめた．私は黙って聞き聖霊に祈った．そうするうちに彼の暴悪な悪行が終わった．ところが変なことが起きた．彼は帰宅途中交通事故で病院に入院した．私は全てが聖霊の能力が現れたと思った．そして私はもっと熱心に祈った．同僚の勤務者も私のことを尋常ではなかった．

　私は仕事をしている途中地下駐車場で洗車の仕事をするある後輩が移職を勧めた．彼は"兄貴！私は目も暗くて足が不自由なので健康な兄貴が超大型教会に正式職員試験を一度受験してみてくださいか?"と強く勧めた．彼の券面を聞いてその場で書類を出し4回にわたる面接試験で合格した．

　その後私は某支聖殿で職員として勤務することになった．睡眠をしながら休むところもなく公式的に一定の宿舎もなかった．ただ聖殿の片隅で眠る身となった．夜になると町の不良たちが警戒所を攻撃して危険な瞬間を乗り越えたりもした．私は背が低くて体が小さいので人々が簡単に考えた．"私は背が低いからまず50点が削られます!"と言いながら人々に常に謙遜さを示した．

　ここで交代する人が私よりずっと年上だった．彼は軍将校出身で半ばごろつきだった．出勤が遅れたので交代が遅れた．彼は私の前任の按手執事と通勤交代でよく言い争った．反面私は彼と通勤について一言も言わなかった．そのような点が特に好きだった彼は私が遅い年齢で勉強することに積極的に賛成しながら助けてくれた．ある日は前日に一晩中囲碁をして別のお金で私に食事代もくれた．私は彼からもらった千ウォン札を何枚かもらいながら感動して涙を流した．

　ある日の夕方頃担任牧師が師母と共に聖徒たちの訪問を行ってきておいしい餅を私に与えながら話した．"執事様！　日本語上手になった?"と言っ

た．私はにっこり笑いながら"牧師様! 日本語は試験勉強を中心にします"と簡単に答えた．ある日日刊紙の新聞を担任牧師室と教区事務室に配布するが総務牧師が私に向かって癇癪な性格を示した．彼は私と同い年だ．前日女伝道師が2階の階段を上がる途中自分の肥大した体を支えられず階段で倒れそうになった．私はすぐに彼女を捕まえた．これを彼が私に問題を提起した．職員が女性伝道師の体を触ったということだ．私は総務牧師にたてついた．この問題が大きく拡大した．結局担任牧師にも報告された．担任牧師は自身の事務室でひどく叱ったりはしなかった．彼は私に'これからはただうまくやれ'とだけ言った．

　総務長老が事務所から私を呼んだ．彼は私と慶尚道出身で同郷の人だった．彼は私をいつも故郷の人だと大切にしてくれた．私は名節になると彼にネクタイのプレゼントもしてあげた．始末書を受け取らずに謝罪をする条件で解決された．全羅道出身の交代者は簡単にこの事件を終わらせることができ非常に不満に思った．

　ある日他の女伝道師が教区事務室の休憩室で男の匂いがすると交代者に伝えた．交代者は私に向かって"女性は敏感で男性のにおいをよく嗅ぐ"と言いながら昨夜その部屋で寝たかと質問した．昨夜私は教区室の女性教役者の部屋で疲れて数時間寝た．これが災いのもとになった．これも私には素直に過ぎ去った．教会では当直する職員に休憩する空間を作ってあげられなかった罪悪感は全くなかった．

　支聖殿には大きな聖会をすれば放送職員が私をいつも苦しめた．彼はエレベーターで私の胸をこぶしでぎゅっぎゅっと刺した．自分が'主任'だとひどく威張った．"いつかはこの友達の悪い癖を私が直しておこう!"と話した．夏季休暇の時交代者がいない隙を狙って警戒所で放送職員が私を何度も苦しめた．その時速やかに彼に向かって強力な拳を飛ばした．彼は私に殴られ唇に血が出て裂けた．誰が見ても怒りを抑えられず暴力を振るった私が無条件に悪かった．普段職級が高いと偉ぶる生意気な姿を叱る私の正

義感は尊敬に値する.

　その後総務長老は私に向かって"あなたやめろ!"と言った. 私はすぐにひざまずいて"すみませんでした!"と言った. その時救世主が一人現れた. 某課長が総務長老に電話して"長老様! 放送職員が無条件に悪かったです"と切羽詰った声で話した. まもなく総務長老としては"放送職員も上がってこい!"と話した. 彼は私と放送職員を自分のオフィスで仲介した. 続いて放送職員に向かって"あなたもやめろ"ときっぱりと話した. それを聞いた放送職員は涙をぽろぽろ流しながら"長老様! 私が悪かったです. 一度だけ許してください"と述べた. 総務長老としては私と放送職員2人を和解させた. 後で総務長老としては私に"実は執事様は何の過ちもない! でも暴力はダメなんだよ!"と言いながら笑った. お礼に飲み物を1箱買って彼に渡した.

삶과 죽음

나옹선사(懶翁禪師)는 삶과 죽음에 대해 '한 조각의 뜬구름이 보였다가 없어진다'라고 했다. 나는 삶과 죽음은 '잠시 부는 시원한 바람과 같다'라고 말하고 싶다. 봄에 부는 산들바람은 꽃잎과 함께 불다가 흩어진 꽃잎 앞에서 사라진다. 한여름에 무더위를 이기려고 몸부림치는 태풍의 바람은 잠시 내 곁에서 머물다가 떠난다. 낙엽이 한 잎 두잎 떨어지면서 겨울을 재촉하는 가을바람은 중년의 나를 외롭게 만든다. 눈보라가 힘차게 날리는 차디찬 겨울바람은 황혼의 나를 더 서글프게 만든다.

새벽바람을 맞으며 출근했다가 하루 종일 회사에서 근무하고 퇴근 버스를 타고 가다가 눈을 감고 잠시 생각했다. 벌써 눈가에 촉촉한 물기가 만져지면서 갑자기 죽음에 대해 고민하게 된다. 무엇이 나를 그렇게 슬프게 하는가? 이는 내가 나이를 먹은 탓일까? 오늘 하루도 하늘을 한 번 쳐다보다가 석양이 뉘엿뉘엿 떨어지는 모습을 본다. 집에 도착하면 '저녁밥은 무엇으로 먹을까?' 하는 걱정을 하면서 마을버스를 갈아탄다. '오늘 밤에는 편안히 잠을 잘 수 있을까?' 하는 고민도 하게 된다. 어린 시절에는 부모의 사랑도 못 받았다. 학교 다니면서 숙제보다 학교에 납부할 돈 걱정부터 먼저 했다.

적령기(適齡期)가 되어서 반려자(伴侶者)와 다투면서 무의미한 세월을 보내면서 삶을 허비했다. 두 남매를 홀로 키우면서 직장생활을 하여 얼굴에 주름이 가득 채워졌다. 가방끈이 짧아서 준비되지 않은 내 젊음은 다급한 마음으로 대형면허증을 따서 자질 없는 직업 운전수로 전락하고 말았다. 감기약을 먹은 채로 45인승 대형버스를 몰다가 인사사고가 나서 교통사고 처리 미숙으로 영어(囹圄)의 몸이 되기도 했다. 자유의 몸이 되어서 배움의 목마름을 느껴 그 갈증을 풀기 위해 방송통신교육으로 고등학교 과정과 대학교 과정 공부에 열중하기도 했다. 그 종착역인 최종학위를 마쳤다.

노년에 접어든 지금은 '어떻게 하면 직장생활을 계속할 수 있을까?' 라는 생각을 하면서 하루하루를 보내고 있다. 오복(五福)에는 오래 사는 복(壽), 부유해지는 복(富), 건강하고 편안해지는 복(康寧), 아름다운 덕을 닦는 복(攸好德), 천명을 다하고 죽는 복(考終命)이 있다. 사람은 천년만년 살지 못한다. 누구나 예고 없이 오는 죽음 앞에서 겸손의 강을 건너야만 한다. 질병의 늪이나 사고의 늪에서 빠지면 병원이라는 진흙탕에서 뒹굴면서 비극의 종말을 맞이한다. 나는 매일같이 '나에게 돕는 손길이 나타나게 해달라'고 간절히 기도한다.

나는 지금까지 숱한 고난을 겪고 살아왔지만, 결코 비관하지 않는다. 한 번 왔다가는 인생의 삶에서 죽음을 무릅쓰고 공부를 하고, 일을 열심히 하기로 결심했다. 마트에서 중년의 여인이 나에게 질문을 했다. "오늘은 성탄절인데 애인과 같이 여행 안 가세요?"라고 했다. "애인 없어요!"라고 나는 천천히 말했다. 그녀는 "지금까지 뭐 했어요?"라고 핀잔을 주었다. "나같이 체격이 왜소하고 돈도 없는데 누가 나에게 애인이 되어 줄까요?"라고 하면서 웃었다.

사람이 많이 모이는 교회에서 낮 예배드리는 것보다 사람이 비교적 적은 새벽예배를 드리는 것이 나에게는 훨씬 편하고 좋다. 목사들은 많은 군중을 모아서 성경 말씀을 가르치는 것이 그들에게는 큰 도움이 될 것이다. 젊은 시절에는 사람을 대할 때 유심히 살피는 편이었다. 지금은 상대가 친절하면 말을 섞지만, 불친절하고 괴팍하면 쳐다보지도 않는다. 젊은 시절에는 비밀한 말을 간직하지 못하고 쏟아 내어 후회의 거울을 보았다. 이제는 나이를 먹은 노년의 삶은 말의 실수를 하지 않는다. 비밀한 말은 무조건 간직하고 꼭 필요한 말만 한다.

生と死

　懶翁禪師は生と死について'一片の浮雲が見えたが消える'と言った．私は生と死は'しばらく吹く涼しい風のようだ'と言いたい．春に吹くそよ風は花びらと共に吹き散らばった花びらの前で消える．真夏に暑さに勝とうともがく台風の風はしばらく私のそばで止まって去る．落ち葉が一葉二葉落ちながら冬を促す秋風は中年の私を寂しくさせる．吹雪が力強く吹きつける冷たい冬の風は夕暮れの私をさらに悲しくさせる．

　明け方の風に当たりながら出勤し一日中会社で勤務して退勤バスに乗って行く途中目を閉じてしばらく考えた．すでに目元にしっとりとした水気が触れ突然死について悩むようになる．何が私をそんなに悲しませるの？これは私が年を取ったせいだろうか？今日一日も空を一度眺めてから夕日が沈み込む姿を見る．家に着いたら'夕飯は何にしようか？'と心配しながら村バスを乗り換える．'今夜は安らかに眠れるだろうか？'という悩みもするようになる．幼いころは親の愛も受けられなかった．学校に通いながら宿題より学校に納付するお金の心配から先にした．

　適齢期になって伴侶者と争いながら無意味な歳月を過ごし人生を浪費した．二人の兄妹を一人で育てながら職場生活をし顔にしわがいっぱいに

なった．かばんの紐が短くて準備されていない私の若さは切羽詰った気持ちで大型免許証を取って資質のない職業運転手に転落してしまった．風邪薬を飲んだまま45人乗りの大型バスを運転していたところ人事事故が起き交通事故処理の未熟さで囹圄の身になったりもした．自由の身になって学びの渇きを感じその渇きを癒すために放送通信教育で高校課程と大学課程の勉強に熱中したりもした．その終着駅である最終学位を終えた．

　老年に入った今は'どうすれば職場生活を続けられるか?'という考えをしながら一日一日を過ごしている．五福には長生きする福(壽)，豊かになる(富)，健康で安らかになる福(康寧)，美しい徳を磨く福(攸好德)，天命を全うして死ぬ福(考終命)がある．人は千年万年生きることができない．誰もが予告なしに来る死の前で謙遜の川を渡らなければならない．病気の沼や事故の沼から抜けば，病院という泥沼で転がりながら悲劇の終焉を迎える．私は毎日のように'私を助ける手が現れるようにしてほしい'と切実に祈る．

　私は多くの苦難を経験してきたが，決して悲観しない．一度来ては人生の中で死を覚悟して勉強をし，仕事を熱心にすることを決心した．マートで中年の女性が私に質問をした．"今日はクリスマスですが恋人と一緒に旅行に行きませんか?"と言った．"恋人いません!"と私はゆっくりと言った．彼女は"今まで何をしていましたか?"と叱った．"私のように体格が矮小でお金もないのに誰が私に恋人になってくれるでしょうか?"と言いながら笑った．

　人が多く集まる教会で昼礼拝をするより人が比較的少ない早朝礼拝をするのが私にははるかに楽で良い．牧師たちは大勢の群衆を集めて聖書の言葉を教えることが彼らに大いに役立つだろう．若い時は人に接する時に注意深く観察する方だった．今は相手が親切なら言葉を交わすが，不親切で気難しいと見向きもしない．若い頃は秘密の言葉を残さずに吐き出し後悔の鏡を見た．もう年を取った老年の人生は言葉のミスをしない．秘密の言葉は無条件に大切にし必ず必要な言葉だけを話す．

결문

 '감사의 거울'이란 이 책을 종결하면서 시와 수필은 노래에 비유하면 1절은 1부의 시라고 할 수 있고, 2절은 2부의 수필이라고 할 수 있다. 어렵사리 세상에 태어나 바다에서 험한 풍랑을 만나듯이, 필자가 어려운 시기를 보내던 나날을 나름대로 두서없이 정리하고 정돈한 것이 바로 '성령으로 쓴 시와 수필'이다.
 시와 수필의 내용도 일상생활이나 직장에서 일어난 소재를 중심으로 했으며, 즐거운 노래는 즐겁게 불렀고, 슬픈 노래는 슬프게 부르며 한 줄 한 줄씩 썼다. 박사논문은 대학원 최종학위의 아카데믹(academic)한 논리와 관념적으로 썼다면, 이 책은 '목가적(牧歌的)이고 애수(哀愁)가 넘치는 다이내믹(dynamic)한 감정의 표현'이라고 할 수 있다.
 인생은 바람같이 와서 모진 세월의 격랑(激浪)을 겪다가 들풀처럼 사라지는 것이다. 격동의 한 시대를 같이 살고 있는 독자들에게 이 책이 은혜의 생수와 하늘에서 내리는 축복의 단비가 되기를 바란다. 한국어와 일본어로 동시에 쓰여진 이 책은 양국 언어를 비교하면서 읽는 것도 매우 신비로울 것이다. 이 책이 부디 문학을 공부하는 후학들에게 크고 은밀한 성령의 문장으로 귀결되기를 바라면서 필자의 글을 마치려고 한다.

結文

　'感謝の鏡'とはこの本を終結しながら詩と随筆は歌に例えれば1節は1部の詩と言え，2節は2部の随筆と言える．苦労して世の中に生まれて海で険しい風浪に出会うように，筆者が難しい時期を過ごした日々をそれなりにとりとめもなく整理し整頓したのがまさに'聖霊で書いた詩と随筆'だ．
　詩と随筆の内容も日常生活や職場で起きた素材を中心にしており，楽しい歌は楽しく歌い，悲しい歌は悲しく歌いながら一行ずつ書いた．博士論文は大学院最終学位のアカデミック(academic)な論理と観念的に書いたとすれば，この本は'牧歌的で哀愁があふれるダイナミック(dynamic)な感情の表現'と言える．
　人生は風のように来て激しい歳月の激浪を経て野草のように消えるのだ．激動の一時代を共に生きている読者たちにこの本が恩恵の生水と天から降る祝福の恵みが．韓国語と日本語で同時に書かれたこの本は両国の言語を比較しながら読むのも非常に神秘的だろう．この本がどうか文学を勉強する後学たちに大きくて隠密な聖霊の文章に帰結されることを願いながら筆者の文を終えようと思う．